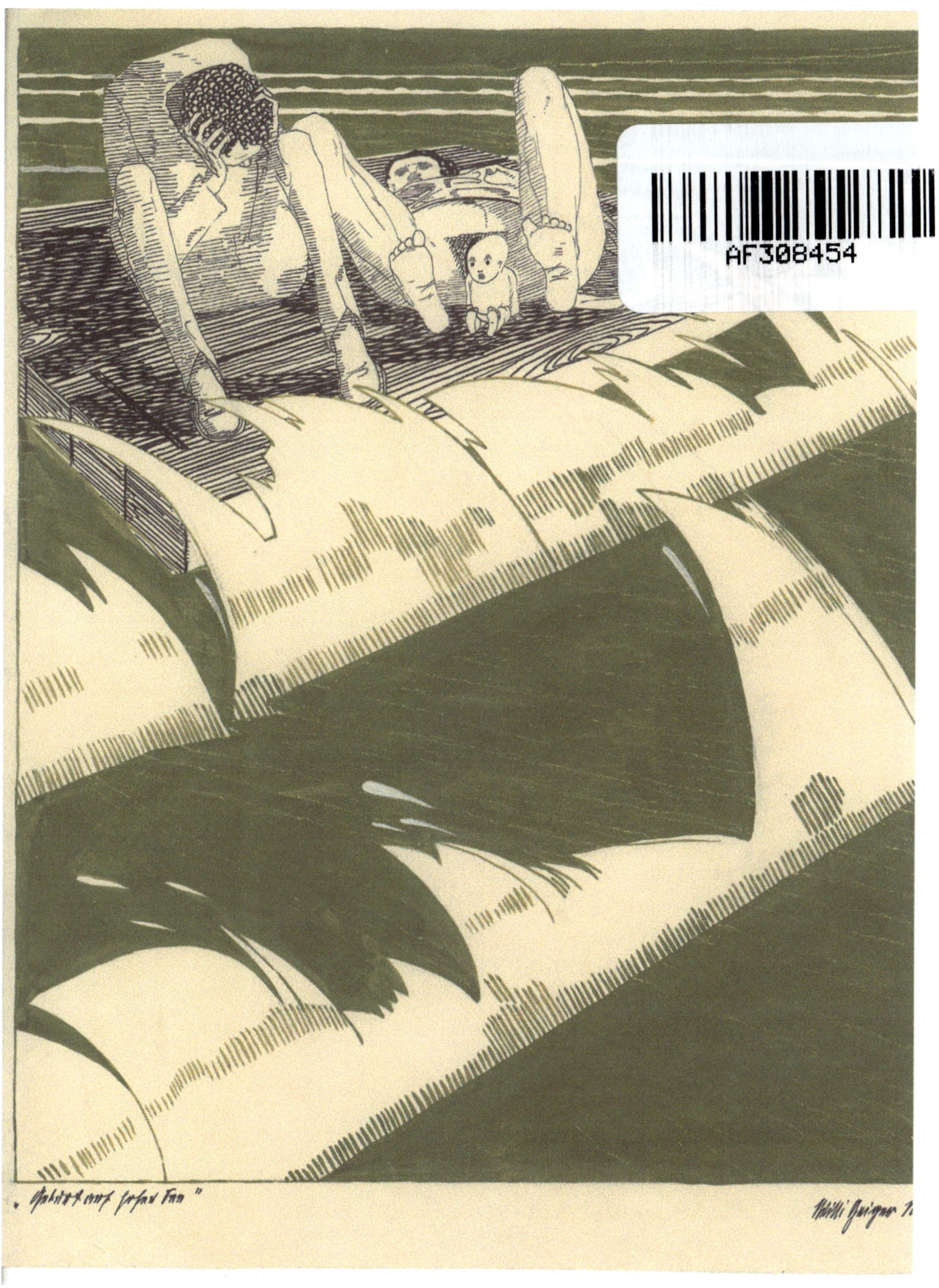

Willi Geiger, „Geburt auf hoher See", Tuschzeichnung, 1905

# Impressum:

© Sammlung Hans-Jürgen Döpp, Frankfurt 2020
www.aspasia.de
© Isabelle Azoulay, Berlin
ISBN: 978-3-347-08000-3 (Paperback)
978-3-347-08002-7 (e-Book)
Verlag und Druck:  tredition GmbH, Halenreie 40 – 44, 22 359 Hamburg
Der Essay „Jahrhundert-Dämmerung" wurde zuerst publiziert in dem Buch „Liebe im Kapitalismus, hg.v. H.-J.Busch und A.Ebrecht, Gießen 2008

Hans-Jürgen Döpp

# Jahrhundert-Dämmerung

Erotische Kunst zu Beginn des 20. Jahrhunderts

Mit einem Essay von **Isabelle Azoulay,**

**Deutsche erotische Graphik 1900- 1920**

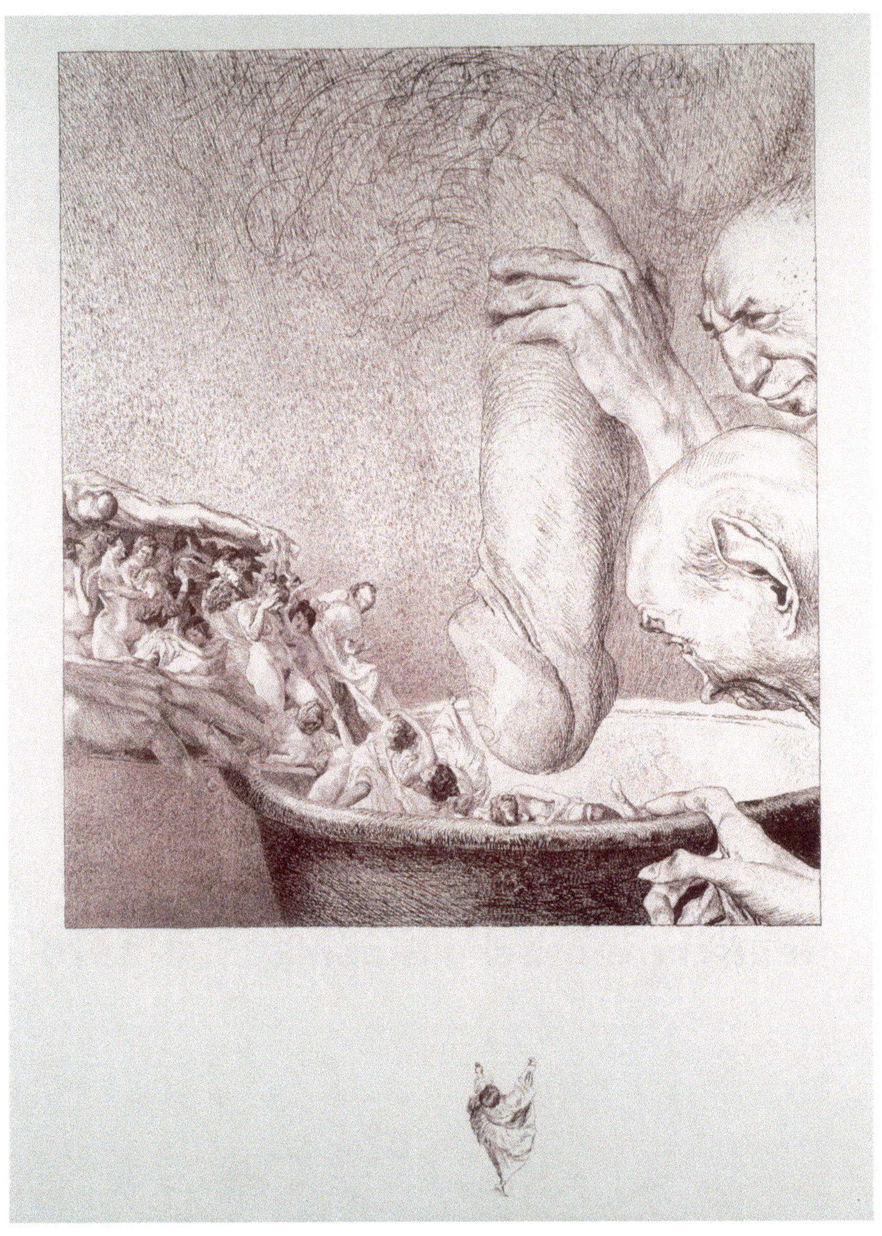

Otto Greiner, „Der Mörser", Lithographie 1900

Hans-Jürgen Döpp

# Jahrhundert-Dämmerung

## Erotische Kunst zu Beginn des 20. Jahrhunderts

Selten waren Aufschwung und Umbruch so hautnah zu spüren. Stefan Zweig erwähnt in seinem Buch *Die Welt von Gestern* den Optimismus und das Weltvertrauen, das die jungen Menschen seit der Jahrhundertwende beseelte. Ein Aufschwung begann, der in allen Ländern Europas fast gleichmäßig zu spüren war.

»Eine wunderbare Unbesorgtheit war damit über die Welt gekommen, denn was sollte diesen Aufschwung unterbrechen, was den Elan hemmen, der aus seinem eigenen Schwung immer neue Kräfte zog? Nie war Europa stärker, reicher, schöner, nie glaubte es inniger an eine noch bessere Zukunft« (Zweig 1999, S. 224).

Die ganze Generation entschloss sich, jugendlicher zu werden. Jungsein, Frischsein wurde die Parole, nicht länger das »Würdig-Tun«.

Mit dem Beginn des neuen Jahrhunderts hebt in Deutschland eine erotische Bilderproduktion an, die Ausdruck eines neuen Lebensgefühles ist, das sich auch in einer neuen Kunstauffassung niederschlägt. Diese produktive kulturelle Atmosphäre soll im Folgenden anhand von Äußerungen von Schriftstellern, Soziologen, Künstlern u.a. skizziert werden mit dem Ziel, den Aufbruch verständlich zu machen, zugleich aber auch, warum sich so viel Düsteres in diesem Aufbruch zeigte. Dass ein Bild, wie das vorangestellte von Otto Greiner, im gleichen Jahr erschien wie Freuds *Traumdeutung* (1900), wird sich als kein Zufall erweisen.


**Optimismus und Melancholie**

Das Datum 1900 erscheint als Merkzeichen des Übergangs: Man sieht sich im Übergang zweier Zeitalter. Ende und Aufbruch mischen sich im Zeitbewusstsein: Jugendlichkeit wird kontrastiert durch »Decadence«, Vitalismus durch Morbidität, Technik- und Großstadt-Euphorie durch Technik- und Großstadt-Flucht. Diese Kontrastphänomene sind geradezu konstituierend für das *Fin de Siécle*. 1900: Um diese Zeit überlagern sich zwei kulturelle Kampfzonen. Das Neue scheint auf, ohne schon gekräftigt zu sein; und das Alte kämpft noch um seinen Erhalt. Das Leben blüht auf, doch im aufblühenden Leben ist zugleich der Verfall zu erkennen. Der kleine Hanno in Thomas Manns »Buddenbrooks« (1901) versteht es, in allem die Symptome des Verfalls wahrzunehmen und sieht das Leben als Vorgang »des Abbröckelns, des Endens, des Abschließens, der Zersetzung an« (Mann 1974, S. 699). Eine Sichtweise, die für die »Decadence« bezeichnend ist.

Der Soziologe Ferdinand Tönnies hat sich in einer frühen Schrift (1897) mit Nietzsche auseinandergesetzt. Er spricht hier von der »immer sichtbarer werdenden Zerrüttung der modernen Kultur«, von einem »Prozeß der Zersetzung« (Tönnies 1990, S. 20f.). »Daß aber die alten Ordnungen des Lebens [...] in ungeheuer beschleunigtem Tempo im jetzt zu Ende gehenden Jahrhundert in Zersetzung begriffen sind«, das, meint er, sei »hinlänglich deutlich« (ebd., S. 101).

»Es ist nicht leicht, jung zu sein in einer alten, satten, regulierten Kultur, die euch vorzeitig vernünftig und altklug macht« (ebd., S. 22) – so redet Tönnies die Jugend an.

Aufbruch mischt sich mit Spätzeit-Bewusstsein. Ende 1896 berichtet Dilthey dem Freund Yorck von Wartenburg von den durch die Konflikte um die Vergabe des Schillerpreises entstandenen geistigen Unruhen in Berlin:

> »Sehen müssen Sie. Ein paar Tage in das uferlose und formlose Meer dieser Gegenwart eintauchen. Ein Ding dergleichen seit der Renaissance nicht da war, so formlos, so chaotisch, so in den letzten Tiefen des Menschlichen bewegt, *fin de siècle* mit Zukunft unfaßlich vermischt« (Dilthey 1974, S. 228).

»Décadent zugleich und neuer Anfang«, diese Selbstbestimmung Nietzsches (1960, S. 1071) ist zugleich die Formel für die Bewusstseinslage am Ende des Jahrhunderts.

Der Fortschrittsglaube, den Stefan Zweig überall am Werke sah, stand nicht auf sicherem Boden: »Wir mussten Freud recht geben, wenn er in unserer Kultur, unserer Zivilisation nur eine dünne Schicht sah, die jeden Augenblick von den destruktiven Kräften der Unterwelt durchstoßen werden kann« (Zweig 1999, S. 19).

So war dieses optimistische Denken begleitet von einer ständigen Analyse des eigenen Bewusstseins, die das Denken melancholisch einfärbte.

**Die moderne Ner vosität**

Ein beredtes Zeugnis für die Angst, die das Neue erzeugte, war die Entdeckung und Propagierung der Nervosität im 19. Jahrhundert. Für ihre Zunahme machte man die Großstädte und den Fortschritt selbst verantwortlich: Nervenschwäche sei die Folge der mit dem Fortschritt der Kultur veränderten Lebensweise, die den Geist beanspruche und den Körper vernachlässige. Die moderne Kultur wühle die Sinnlichkeit auf und erhitze die Vergnügungssucht.

1893 wurde von einem Expertenteam ein »Handbuch der Neurasthenie« veröffentlicht, das eine Bibliografie mit mehr als 100 Titeln enthielt, die allein in deutscher Sprache seit 1881 erschienen waren! Doch jahrzehntelang blieb es, worauf Peter Gay in seinem Buch *Die zarte Leidenschaft* hinweist, still um die sexuellen Implikationen der »nervösen Nervositäts-Panik« (Gay 1987, S. 351). Sie wurden ein Opfer der Verdrängung. Erst mit Freuds (1908) Abhandlung über »Kulturelle Sexualmoral und die moderne Nervosität« traten diese sexuellen Aspekte hervor. In seiner Schrift erhob er die erotische Komponente der Neurasthenie zur Hauptursache des Phänomens. Statt, wie bisher, Nervosität als Preis der Kultur zu verstehen, stellte er eine viel irritierendere Diagnose: Nervosität sei der Preis der Verdrängung.

Für Freud reduziert sich der schädigende Einfluss der Kultur im Wesentlichen auf die schädliche Unterdrückung des Sexuallebens der Kulturvölker (oder Schichten) durch die bei ihnen herrschende »kulturelle Sexualmoral«. Ganz allgemein jedoch sei unsere Kultur »auf Unterdrückung von Trieben aufgebaut« (Freud 1908, S. 149). Doch die moderne Mittelschichts-Zivilisation erzwingt exzessive Entsagung. Sie treibt die Selbstverleugnung ins Extrem. Die moderne Nervosität ist der Preis bürgerlicher Sexualverdrängung. Kunst, insbesondere die erotische, begehrte gegen diese Macht der Verdrängung auf.

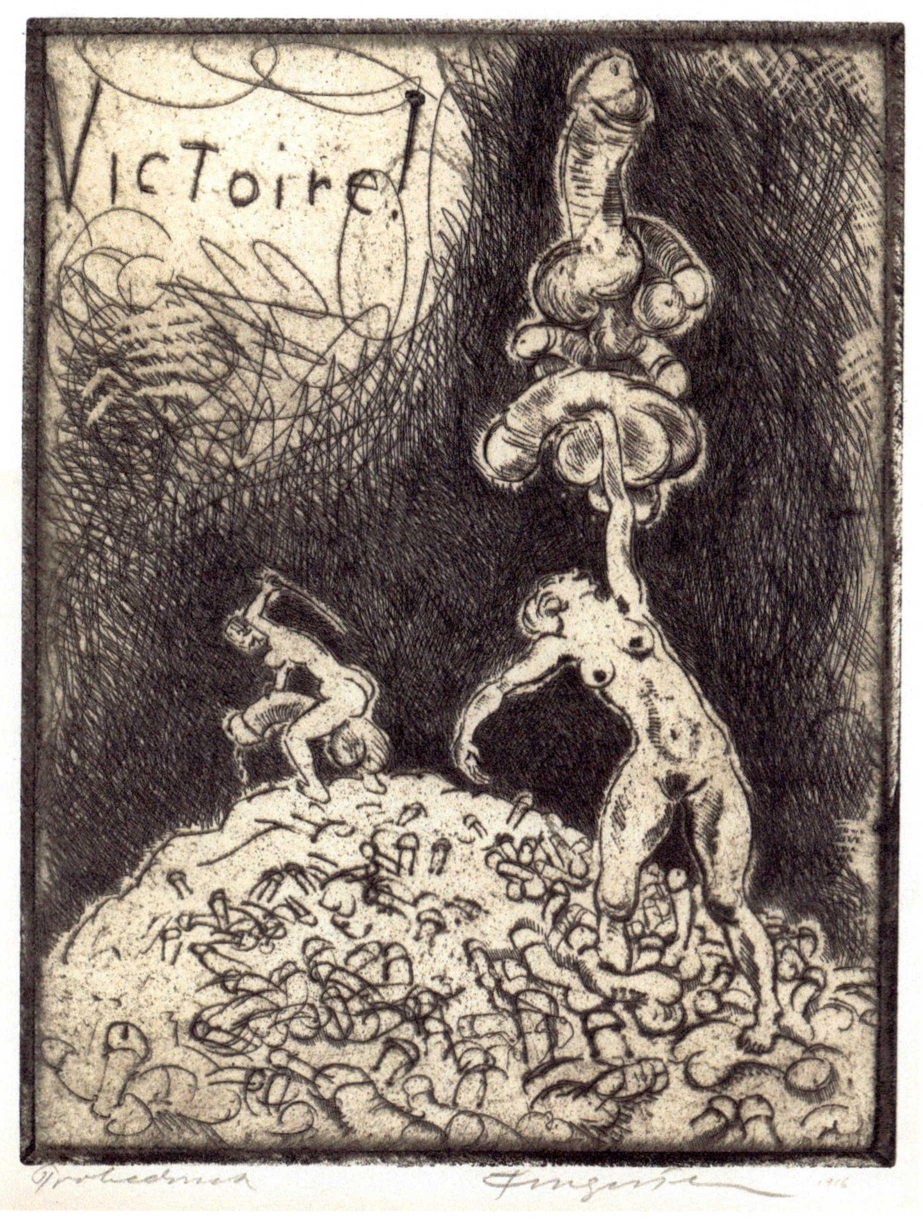

Michel Fingesten, „Victoire", Radierung 1916

Doch was sie zum Ausdruck brachte, war keineswegs ein Bild der »freien« Sexualität und konnte es auch nicht sein. Der Schleier wird vom Bildnis von Sais weggezogen – und zutage trat ein Bild, das eher von den vergangenen Normen verformt und verstümmelt war. Die Flügel von Eros sind kupiert: Viel Düsteres, Gedrücktes und Gequältes wird sichtbar. Als wolle Sexualität sich für die erlittenen Repressionen rächen, dominieren Perversionen und angstbesetzte Vorstellungen. Doch konnte das, was bislang ins Unbewusste verbannt war, zum ersten Male bildhaft symbolisiert werden. Die Geschichte der erotischen Kunst beginnt in Deutschland, der »verspäteten Nation« (Plessner 1935) mit recht dunklen Bildern.

In dieser »dunklen« Position drückt sich zugleich eine Aversion gegen den Sensualismus der älteren Kunst aus: Man will aus dem Intellekt und nicht aus dem Gefühl heraus arbeiten. Besonders deutlich wird dies bei Michel Fingesten, der die Titel seiner Arbeiten gar zu Bestandteilen seiner Bilder macht.

Beinahe könnte man, im Unterschied zu den sinnenfrohen, sensualistischen erotischen Arbeiten, die in Frankreich hervorgebracht wurden, das Abstrakte und Gequälte sowie den Intellektualismus als ein Merkmal der in Deutschland entstandenen Arbeiten bezeichnen.


**Ein neues Sehen**

In der Kunst hatte man ein neues Sehen gelernt, und die Kunstrichtungen der Moderne wurden zu einer treibenden Kraft. Im Bewusstsein ihrer Anhänger war diese Moderne »ein Kreuzzug für die Aufrichtigkeit, für die Ausdrucksfreiheit, die von keinem Kunst-Establishment befohlen oder auf Dauer verhindert werden konnte« (Gay 1999, S. 273). Diese Aufrichtigkeit schloss die Erkenntnis ein, dass die Künste tief in Sexual- und Aggressionstrieben verankert sind. Die akademischen Maler kokettierten zwar mit diesen Trieben, aber nur sehr verschleiert: die damalige »Salonmalerei« war im Grunde nicht mehr als gesellschaftlich erlaubte Pornografie.

Zu dieser Suche nach Ehrlichkeit gehörte ein Arbeiten, das hauptsächlich im Zustand trance-ähnlicher Passivität stattfand. Schönberg und Kandinsky gestanden, wenn sie arbeiteten, schrieben sie einfach ein Diktat aus ihrem Innern nieder. Künstler, die die Konventionen sprengen wollten, schlossen sich zu Vereinigungen zusammen und gründeten Sezessionen, die sich in Opposition zu den traditionellen Akademien bildeten. Die separatistische Welle beginnt 1892 mit der Münchner Sezession um Franz von Stuck, 1897 folgt die Wiener Sezession unter Führung von Klimt, 1898 schließlich die Berliner Sezession.

Das bisher Verdrängte wird ans Licht geholt. Die erste Bewegung, die einen solchen Aufstand gegen die allgemeine Verdrängung inszenierte, war der Naturalismus. Robert Musil beschreibt die Stimmung, die den Aufbruch in die Moderne einleitet:

> »Aus dem ölglatten Geist der letzten zwei Jahrzehnte des neunzehnten Jahrhunderts hatte sich plötzlich in ganz Europa ein beflügelndes Fieber erhoben. Niemand wusste genau, was im Werden war; niemand vermochte zu sagen, ob es eine neue Kunst, ein neuer Mensch, eine neue Moral oder vielleicht eine Umschichtung der Gesellschaft sein solle« (Musil 1970, S. 55).

In diesem Prozess erwies sich das Bürgertum als eine zutiefst gespaltene Klasse. Gay betont, dass die Kluft zwischen Traditionalisten und Aufrührern keineswegs eine Frontlinie zwischen dem vereinigten Bürgertum hier und den Bürgerfeinden dort war.

»Der entscheidende Anstoß zu Aufstieg und Triumph der Moderne kam gleichwohl vom Interesse gebildeter Bürger am Unkonventionellen. Ohne die bürgerliche Begeisterung für den Abschied von der etablierten Kultur wäre die Moderne wohl wenig mehr gewesen als ein aufsehenerregender, aber alsbald verglühter Meteor« (Gay 1999, S. 276).

Wenn Karl Kraus (1900, S. 19) lästerte, dass, wie jeder Aristokrat einst seinen Hausjuden hatte, jetzt jeder Börsianer seinen Haus-Sezessionisten besitze, verkennt er die Begeisterung des bürgerlichen Publikums für die Moderne. Stefan Zweig resümiert: »Dass etwas Neues in der Kunst sich vorbereitete, etwas, das leidenschaftlicher, problematischer, versucherischer war, als unsere Eltern und unsere Umwelt befriedigt hatte, war das eigentliche Erlebnis unserer Jugendjahre … Das neue Jahrhundert wollte eine neue Ordnung, eine neue Zeit« (Zweig 1999, S. 78).

Man hungerte nach etwas, was nicht länger der Welt der Väter und ihrer Werte angehörte. Anschauungen der Kunst, der Sittlichkeit, der Ideale gingen mit dem Jahrhundert zu Ende. Aber was gärt in dem, was sich das »Neue« nennt?


**Die Emanzipation der modernen Frau**

Auf keinem Gebiete des öffentlichen Lebens hat sich eine so umfassende Verwandlung vollzogen wie in den Beziehungen der Geschlechter zueinander. In seinem ersten Buch *The New Spirit* verkündete Havelock Ellis (1890), der Vormarsch der Wissenschaft, der Demokratie und der Frauen sei nicht mehr aufzuhalten. »Der Aufstieg der Frauen zu ihrem gerechten Anteil an der Macht ist sicher« (zit. n. Gay 1986, S. 196), meinte er hoffnungsvoll.

Die Behauptung, erst der 1. Weltkrieg habe der »alten Moral« einen Stoß versetzt, muss relativiert werden: Dieser Krieg gab Kräfte frei, die sonst wohl noch einige Zeit gebraucht hätten, um sich durchzusetzen. Die alte Moral hatte schon vor dem Krieg begonnen zu zerfallen; der Krieg war allenfalls ein »Beschleuniger des Verfalls«.

Eine zunehmende Beteiligung der Frau an der Produktion war die ökonomische Ursache für die veränderte Stellung der Frau gegenüber dem Mann. Die wachsende wirtschaftliche Bedeutung der Frauenarbeit gab den Boden ab für die Forderungen nach politischer, rechtlicher und sozialer Emanzipation. Die moderne Frau drang auf Zugang zu allgemeinbildenden Schulen und zum akademischen Studium, auf Gleichbehandlung im Eigentums- und Scheidungsrecht und auf Wahlbeteiligung. Probleme des Sexuallebens standen von Anfang an im Mittelpunkt: Die freie Liebe bzw. die Sprengung der Schranken bürgerlicher Ehe- und Liebesmoral waren früh schon Programmpunkte der Frauenbewegung. Zu offensichtlich hing der Kampf um Empfängnisverhütung und Abtreibung einerseits mit der Sexualität der Frau, andererseits mit ihrer rechtlichen und wirtschaftlichen Emanzipation zusammen.

Die erotische Befreiung kommt in ihrer Bedeutung einem Umsturz der alten Moral gleich. Dementsprechend trat in Literatur und Kunst zu Beginn des Jahrhunderts ein neuer »Frauentyp« auf.

Der Sittengeschichtler Moreck nennt drei Ausprägungen:

> → die »Grand-Dame« (1928, S. 212ff.), für die die Schranken der bürgerlichen erotischen Moral, wie sie in der Ehe zum Ausdruck gelangen, nicht mehr sakrosankt, aber immer noch achtenswert sind. Sie werden ohne Gewissenbisse durchbrochen, doch versucht man, den Schein ängstlich zu wahren.

→Den Typus der Halbjungfrau könne man bezeichnen als die »unverheiratete Ehebrecherin« (1928, S. 215f.). Auch sie achtet noch die Schranken der Moral und hütet ihre Unberührtheit als ihre Versicherung auf Heiratsfähigkeit. Doch überflutet ihre Sinnlichkeit bereits die Dämme der Moral, die als »überholt« angesehen wird. Diesem von Prévost geschaffenen Typus der »Demivierge« ähneln eine Vielzahl zur gleichen Zeit aufkommender literarischer Frauentypen: das »Nixchen«, das »süße Mädel« und andere Bilder.

→Die von Moreck (1928, S. 230 f.) als letzter Vorkriegstypus genannte Gestalt der Lulu ist die literarische Perfektion der übermächtig gewordenen Triebe. Sie ist, wie ihr Schöpfer Wedekind sagt, »abgeklärt und jeder Hemmung bar« (Wedekind 2001, S. 51), die Frau, die sich um keine erotischen Konventionen mehr kehrt, das aus passivem Lustobjekt zum unersättlichen Dämon gewordene Weib, das sein ihm bis jetzt verweigertes Recht auf freie Liebeswahl fordert.

In der Entwicklung der Vorkriegsjahre gab es also Tendenzen, die langsam der Verwirklichung entgegenreiften und die durch den Krieg nur früher, als es sonst der Fall gewesen wäre, gleichsam über Nacht verwirklicht wurden.

Die Emanzipation der Frau, die Jugendbewegung, die Erkenntnisse der Psychoanalyse – all dies führte zu freieren und unbefangeneren Anschauungen. Das Erotische wird auf breiter Basis hoffähig, es konstituiert sich als bedeutsamer Bestandteil des Kunst- und Literaturbetriebes. Während man zuvor der Sexualität unsicher und ängstlich auswich, wurde nun das hermetische Schweigen gebrochen. Stefan Zweig : »In diesen zehn Jahren (1900–1910) war mehr Freiheit, Ungezwungenheit, Unbefangenheit zurückgewonnen als vordem in hundert Jahren. Denn ein anderer Rhythmus war in der Welt« (Zweig 1999, S. 226).

**Die sexuelle Frage**

Dass es sich dabei um einen mühsam sich vollziehenden Prozess der Enttabuierung handelt, bezeugen die vielen Anklagen und gerichtlichen Prozesse, denen sich die Künstler der Jahrhundertwende von Seiten der Behörden ausgesetzt sahen. So hatte es im Jahre 1900 Proteste vieler Künstler und Wissenschaftler in Berlin und München gegen die geplante *Lex Heinze* gegeben, ein Gesetz gegen die Unsittlichkeit in der Kunst.

Der Prozess der Enttabuierung wurde flankiert durch eine Vielzahl wissenschaftlicher und pseudowissenschaftlicher Schriften. Einige Titel aus der Flut dieser Veröffentlichungen seien genannt:

Bölsches *Liebesleben in der Natur* (1903); Krafft-Ebings *Psychopathia Sexualis* (1886); Forels *Die sexuelle Frage* (1905); Hirschfelds *Naturgesetze der Liebe* (1912) und vor allem Weiningers *Geschlecht und Charakter* (1903). 1897 publizierte Albert Moll die *Untersuchungen über die Libido sexualis* und Havelock Ellis die *Studies in the Psychologie of Sex*.

1907 veröffentlichte Iwan Bloch seine anthropologisch breit angelegte Arbeit über das *Sexualleben unserer Zeit in seinen Beziehungen zur modernen Kultur*, und 1908 publizierte Hirschfeld die erste sexologische Zeitschrift, an der auch der Wiener Sexualforscher Friedrich Salomo Krauss mitarbeitete. Sie gab der volkstümlichen Erotik die Chance, sich ins Reich der Hochkultur emporzuschwingen.

Der Begriff der »sexuellen Frage« fand in dem der »sozialen Frage« sein Pendant. Darwins »Kampf ums Dasein« und Strindbergs »Kampf der Geschlechter« waren Zwillingsbegriffe dieser Zeit. Wenn Eros auch thematisiert werden konnte, so war es doch eine höchst unfriedliche Sexualität, die hier zur Sprache fand.

Strindbergs misogyne Vorstellungen sind repräsentativ für die Anschauungen vieler Künstler dieser Zeit.

Im Bereich der bildenden Kunst sind es Werke von Stuck, Munch, Khnopff u.a., in denen die Frau als Sünde, Vampir und Medusa erscheint. Dämonisierung, Misogynie und Idolatrie waren Kehrseiten der gleichen Einstellung. Faszination und Schrecken verschmelzen in diesem Frauenbild. Dieser um die Jahrhundertwende ausbrechende Frauenhass wurde ergänzt durch einen Kult um den Begriff der Männlichkeit. Die »sexuelle Frage« mündete in der Frage nach dem Stellenwert des Weiblichen in der Kultur überhaupt.

»Soviel ist sicher«, resümiert Peter Gay in seinem Buche *Erziehung der Sinne*:

> »Kein anderes Jahrhundert hat die Frau so konsequent, so programmatisch und so nackt wie das neunzehnte als Vampir, als Kastriererin, als Mörderin geschildert. Und die bekannte Dialektik von actio und reactio war fraglos kennzeichnend für die Zeit: An der Aktivität der Feministen kristallisierten sich die Ängste der Männer, so wie umgekehrt die männlichen Ängste richtungweisend für die Aktivitäten der Feministen waren« (Gay 1986, S. 225).

**Der Mann als Opfer**

»Die Furcht des Mannes vor dem Weib«: das ist die lebenslange und unausrottbare Angst, die hinter dem Anspruch des Mannes auf unbestrittene Überlegenheit lauert. Diese Furcht des Mannes »ist zwar so alt wie die Zeit selbst, aber erst im bürgerlichen Jahrhundert wurde sie zu einem beherrschenden Thema der populären Romanliteratur und des medizinischen Schrifttums« (Gay 1986, S. 187), führt Gay aus.

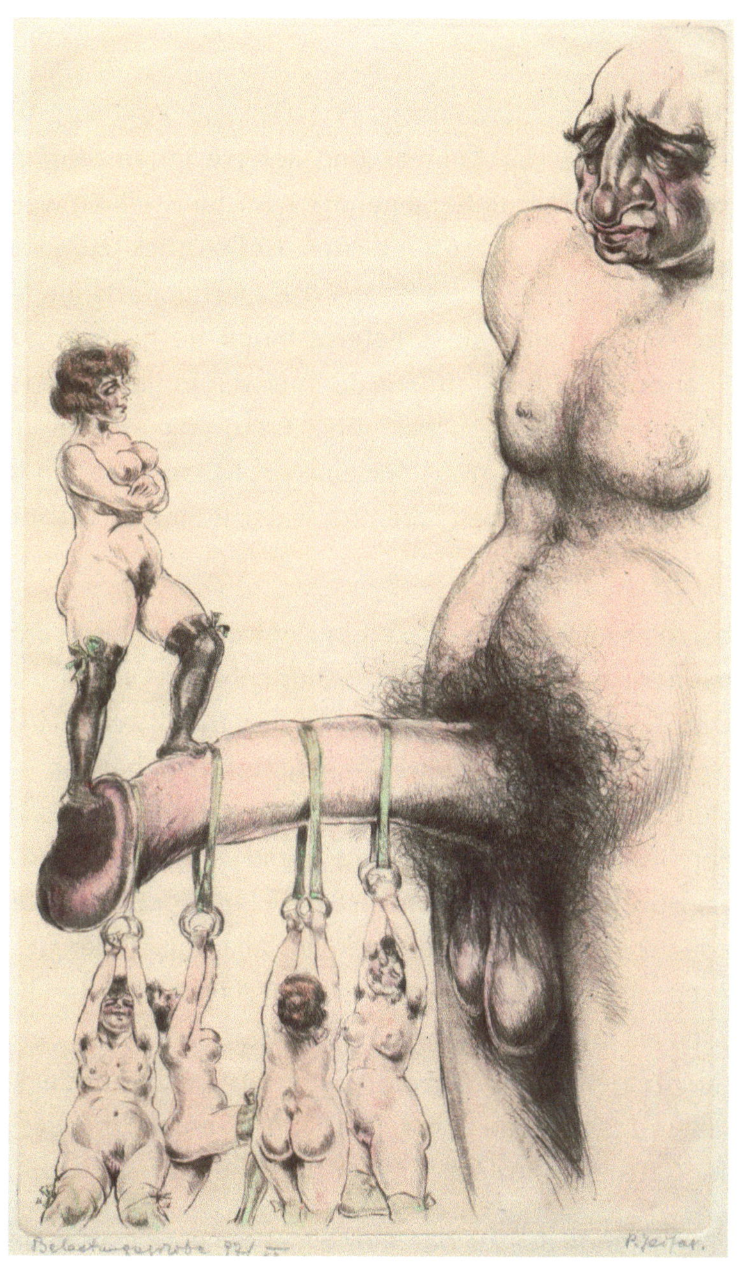

Pipifax, kolorierte Radierung, 1920

»Sie beschäftigte Journalisten, Priester und Politiker; sie durchdrang noch die Träume der Männer und lieferte ihnen Stoff für Bilder und Gedichte. Die immer unbefangenere Zurschaustellung weiblicher Stärke und Macht wirkte als öffentliches Gegenstück zu jener häuslichen Gewalt, auf die in der 2. Hälfte des 19. Jahrhunderts die Männer immer ängstlicher pochten. Beides lieferte ihnen treffliche Argumente gegen die Emanzipation der Frau. Für die meisten in ihrer Herrschaftsposition schwelgenden Männer war die Frau, die ihren angestammten Wirkungskreis verließ, nicht nur eine Art Missgeburt, ein Mannweib, sie warf auch unbehagliche Fragen nach der Rolle des Mannes selber auf« (ebd.).

Das Denken fast aller Künstler dieser Zeit in Deutschland wurde durch die Werke von drei Personen angeregt: Arthur Schopenhauer, Richard Wagner und Friedrich Nietzsche. Insbesondere Schopenhauers Hauptwerk *Die Welt als Wille und Vorstellung* (1819) wurde – mit seinen späteren Anhängen – zu dem Buch der zweiten Hälfte des 19. Jahrhunderts und des beginnenden 20. Jahrhunderts. In ihm wird der Geschlechtstrieb erstmals – und lange vor Freud – ausgiebiger Betrachtung gewürdigt. Das Ergebnis seiner Philosophie ist die resignative Erkenntnis, dass der Wille zum Leben, also vor allem auch der Geschlechtstrieb, der jedes Wesen als Teil seiner Gattung beherrsche, im ständigen Krieg mit seinen Interessen als Individuum liege; sei doch für den Zweck der Erhaltung der Gattung das einzelne Individuum nur ein zu Tod und Leid verdammtes Durchgangsstadium. Die Frau wird auf ihre geschlechtliche Aufgabe der Fortführung der Gattung reduziert:

»Weil im Grunde die Weiber ganz allein zur Propagation des Geschlechts da sind und ihre Bestimmung hierin aufgeht; so leben sie durchweg mehr in der Gattung als in den Individuen; nehmen es in ihrem Herzen ernstlicher mit den Angelegenheiten der Gattung, als mit den individuellen« (Schopenhauer 1965, S. 724).

Und gerade die Gesetze der Gattung hat Schopenhauer als die zerstörerischen im individuellen Leben erkannt. Der Mann wird durch die von der Frau ausgelöste Sexualität immer wieder in einen Strudel hineingezogen, der zwar ewig neues Leben, aber vor allem tausendfältigen individuellen Tod und Qual bedeutet.

Schopenhauers Schriften wurden für die Künstler um die Jahrhundertwende zur zentralen Quelle. Weininger wird diese Gedanken aufgreifen und weiterführen. Das Selbstbild vieler Künstler als »Ausnahmemenschen«, die sich von der Masse abzusondern bestrebt sind, machte sie dabei empfänglich für das Bild des Mannes in der Rolle des Opfers.


**Geist vs. Geschlecht**

In keiner anderen Stadt Europas schien sich diese Diskussion um den »Geschlechterkampf« zu dieser Zeit so sehr zu fokussieren wie in Wien.

Hier ist es der junge Philosoph Weininger, der der Frauenfeindlichkeit extremen Ausdruck verleiht. Hier findet aber auch Sigmund Freud über die Leiden der »Hysterica« zur Psychoanalyse; hier geht Arthur Schnitzler literarisch der Diagnose des Frauenschicksals nach. Und Felix Salten schreibt hier mit der *Josefine Mutzenbacher* (1906) einen der wenigen pornografischen Romane, die literarische Qualität haben.

Gustav Klimt versinnbildlicht den erotischen Zeitgeist in kurven-schwelgenden Frauenbildern. Und hier nimmt Karl Kraus an der Diskussion über die Rolle von Erotik und Sexualität in der Gesellschaft und über das Wesen der

Geschlechtlichkeit und seine Bedeutung für die Geistigkeit des Mannes teil. »Geist und Geschlecht« (Wagner 1982) – in diesem Begriffspaar fasste Kraus die konfligierenden Positionen der Diskussion zusammen.

Otto Weininger brachte die abendländische Tradition von Triebangst und Objekthass, von Selbstverachtung und Selbstzerstörung auf den philosophischen Begriff. 1903 erschien sein Werk *Geschlecht und Charakter. Eine prinzipielle Untersuchung.* Vier Monate nach Erscheinen seines Buches beging der junge Autor Selbstmord im Sterbehaus Beethovens!

Die Leibverachtung entwickelte sich in Weiningers Werk zu einer merkwürdigen Mischung aus Frauenhass und Frauenidealisierung. Seine Botschaft von der Minderwertigkeit und Gefährlichkeit der Frau fand zahlreiche enthusiastische Gläubige. Einer davon war Strindberg. In seinem Nachruf auf Weininger meint er, der Mann sei normalerweise der Frau überlegen. Doch wenn er sie liebt, betet er sie an, und er unterwirft sich ihr, um wieder geliebt zu werden. Damit aber liefere er sich aus, schaffe er alle Vorbedingungen, um von der moralisch minderwertigen Frau psychisch ausgebeutet und vernichtet zu werden. Zwar habe der Mann einen stärkeren Willen als die Frau, »aber es ist just der männliche Wille, will sagen: die psychische Kraft, die das Weib vom Manne begehrt. Darum hat es den Anschein, als wolle das liebende Weib den Mann hinabziehen, ihn erniedrigen, vor allem ihn beherrschen« (Strindberg 1903, S. 2). Der Mann – ein Opfer der Frau! Von daher ist die Herrschaft der Männer über die Frauen nur ein notwendiger Schutz vor Zerstörung durch die Frauen. Ausgangspunkt der Unterdrückung der Frau ist hier die Angst des Mannes vor ihr.

Doch wurzelte, wie Weininger selbst in einer Notiz bekannte, der Hass gegen die Frau und ihre Abwertung nicht zuletzt in einem Selbsthass?

»Der Hass gegen die Frau«, schreibt er in einer der letzten Aufzeichnungen vor seinem Tod, »ist immer nur-noch-nicht-überwundener Hass gegen die eigene Sexualität« (zit. n. Kohn 1962, S. 39). Selbsthass, so ahnte er, war sein stärkster Trieb zur Philosophie.

In letzter Konsequenz kämpfte Weininger nicht eigentlich gegen die Frau, sondern gegen das Weibliche in sich selbst. Wo er sein Männlichkeitsideal errichtet, baut er unbewusst einen Damm gegen das eigene Weibliche. Mithin ist also auch ein Teil seines Selbst zum Opfer patriarchalischer Unterdrückung geworden. Nur durch das Bollwerk der Vernunft kann ihm zufolge das Dämonische der Triebwelt gebannt werden. Das »Chaos« (Weininger 1980, S. 394), das der männlichen Welt der Ordnung droht, geht vom pansexuellen Weibe aus. Vor diesem »Chaos« gilt es die männlich-sittliche Welt zu schützen – durch Rationalität und A-Sexualität.

Auch die moderne Kunst ist nach Weininger (1980, S. 244) weiblich, nämlich »formlos« und normlos. Frauen seien – wie ebenso die Juden – formlos, sie drängen nach Verschmelzung in Kunst, Sexualität und Politik – statt nach Abgrenzung. Strengste Wahrung aller Grenzen ist ihm ein aristokratisches Prinzip. Wo aber der jeweils gegengeschlechtliche Anteil im eigenen Innern in seine Grenzen verwiesen und geleugnet wird, tritt zwischen den Geschlechtern Entfremdung ein.


**Angstbild und Wunschbild**

Angstbild und Wunschbild bleiben miteinander verquickt. Was der Mann in sich ausgrenzte – den Wunsch nach Grenzenlosigkeit -, bleibt als Wunschtraum in ihm erhalten. Gerade der Mangel des begrenzten Mannes lässt das Bild des absoluten Weibes zum verführerischen und zugleich bedrohlichen Wunschbild anwachsen. Das Wunschgebilde der Frau könnte ihn »um den Verstand bringen«. Diese Angst vor Kontrollverlust projiziert Weininger auf die Frau, die sich im Orgasmus hingibt. Die von ihm fantasierte »Dirne« »will [...] im Koitus als Realität verschwinden, zermalmt, zernichtet, zu nichts, bewußtlos werden vor Wollust, [...], sie will vergehen in ihm« (Weininger 1980, S. 306). Der weibliche Körper wird in dieser Koitusfantasie zum Territorium allumfassender Lust – ein altes männliches Wunschbild. Der Phallus übe auf die Frau eine hypnotisierende, faszinierende Wirkung aus. »Er ist ihr Schicksal, er ist das, wovon es kein Entrinnen gibt... Der Phallus ist das, was die Frau absolut und endgültig unfrei macht« (Weiniger 1980, S. 339). Doch ist es nicht eher der Mann, der seinem Phallus unfrei an der Leine folgt? Projektionen allerorten. Fremdhass und Selbsthass: sie wurzeln in der Abwertung des Triebes generell.

Die Emanzipation der Frau aber begrüßt Weininger: heißt dies für ihn doch bloß, dass sich die Frau zu einem rationalen, a-sexuellen Wesen entwickeln möchte, wie es der Mann schon sei. Mit ihr wird die Menschheit, ihm zufolge, vom Joch tierischer Sinnlichkeit befreit. »Von der Weiblichkeit zur Männlichkeit!« – das ist sein Emanzipationsprogramm: »Überwindung der Weiblichkeit ist das, worauf es ankommt« (Weiniger 1980, S. 453).

Wir sehen: Der deutsche Mann geht angesichts des Aufstiegs der Frauen mit nervöser Hast in Verteidigungsstellung, noch ehe er angegriffen worden war. Doch die Furcht des 19. Jahrhunderts vor »dem Weib« war nicht nur ein deutsches, es war ein internationales, emotionsgeladenes Problem.

Das ergänzende Gegenbild zu Weiningers pan-sexueller Frau war die notorische Fiktion des 19. Jahrhunderts von der fehlenden Geschlechtslust der Frau. Noch 1894, in der 9. Auflage seines Klassikers *Psychopathia Sexualis*, behauptet Krafft-Ebing, dass »ohne Zweifel [der Mann] ein lebhafteres geschlechtliches Bedürfnis als das Weib« (Krafft Ebing 1984, S. 13) habe. »Folge leistend einem mächtigen

Naturtrieb, begehrt er von einem gewissen Alter ein Weib. Er liebt sinnlich« (ebd.). Bei der Frau sei das anders: Wenn das Weib »geistig normal entwickelt und wohlerzogen [ist,] so ist sein sinnliches Verlangen ein geringes. Wäre dem nicht so, so müsste die ganze Welt ein Bordell und Ehe und Familie undenkbar sein« (ebd.).

Was wird die Frau dem Manne antun, wenn sie einmal »losgelassen« ist? Für viele Männer war denn auch der Feminismus nichts Geringeres als eine Kastrationsdrohung.


**Angst vor der »Weiberherrschaft«**

Dass die wirtschaftlichen, sozialen und moralischen Umbildungsprozesse dieser Zeit generell Ängste begünstigten, veranlasste viele falsche Propheten, mit dem Gestus von Aufklärern diese Ängste noch zu verstärken: »Wir stehen vor den weit geöffneten Pforten eines neuen Zeitalters der Weiberherrschaft« (Birlinger 1933, S. 295), verkündet Johannes Birlinger , Autor des Werkes *Die Herrin des Mannes*.

> »Ob diese Periode in der Menschheitsgeschichte den bisherigen Grundpfeiler des patriarchalischen Staatsgebäudes, die Ehe, zum Zerbersten bringen, oder ob sie dieses Rechtsinstitut nur der veränderten Gesellschaftsstruktur anpassen wird, steht dahin. Ebenso müßig wäre es, die Frage aufzuwerfen, ob die kommende Gynäkokratie für den Mann eine Erniedrigungsperiode von langer Dauer oder eine bloße Übergangsepoche mit nur weiblicher Betonung des kulturellen, gesellschaftlichen und wirtschaftlichen Lebens sein wird. ... ? Nur eines glauben wir auf Grund der bisherigen Entwicklung der machtvollen Frauenoffensive klar erkennen zu können: Das baldige Ende der

Männer- und damit der Beginn einer allgemeinen Weiberherrschaft«
(ebd.).

Die Vendome-Säule der Männlichkeit gerät ins Wanken. Nicht länger lässt sich
die Dominanz des Mannes in der Gesellschaft mit Schweigen belegen. Weder die
»soziale Frage« noch die »sexuelle Frage«, die beide auf Schwachstellen der
bürgerlichen Kultur verweisen, können länger zum Ana-thema gemacht werden.

»Glücklich ist, wer vergisst, was doch nicht zu ändern ist«, lautet der
vielgesungene Refrain aus der *Fledermaus* von Johann Strauß (1874). Dieser
Lebenshaltung hat Freud einen Namen gegeben: die Verdrängung.


## Freuds »Traumdeutung«

1898 warf Freud einen prüfenden Blick auf die »sexuelle Sittlichkeit« seiner Zeit
und findet sie ebenso abstoßend wie rätselhaft: »Gegenwärtig sind wir in Sachen
der Sexualität samt und sonders Heuchler, Kranke wie Gesunde« (Freud 1989, S.
495), schrieb er.

Es bedurfte dringend eines neuen Anfangs, und es war Freud, der ihn um die
Jahrhundertwende machte, indem er völlig neue Forschungsmethoden
entwickelte. Schon früh postulierte er die angeborene Fähigkeit der Frau zu
sexueller Erregung und voller geschlechtlicher Befriedigung; schon früh sprach er
eindeutig von der »artifiziellen Verzögerung und Verkümmerung des weiblichen
Geschlechtstriebes« (Freud 1894, S. 335).

Und in seinem Hauptbuch, der *Traumdeutung* (1900), skizzierte er seine
revolutionären Ideen über die menschliche Sexualität, die er in den fünf Jahre
später erschienenen *Drei Abhandlungen zur Sexualtheorie* weiter ausarbeitete.
Gay urteilt: »Bevor noch der erste Weltkrieg ausbrach, hatte Freud mit seinen

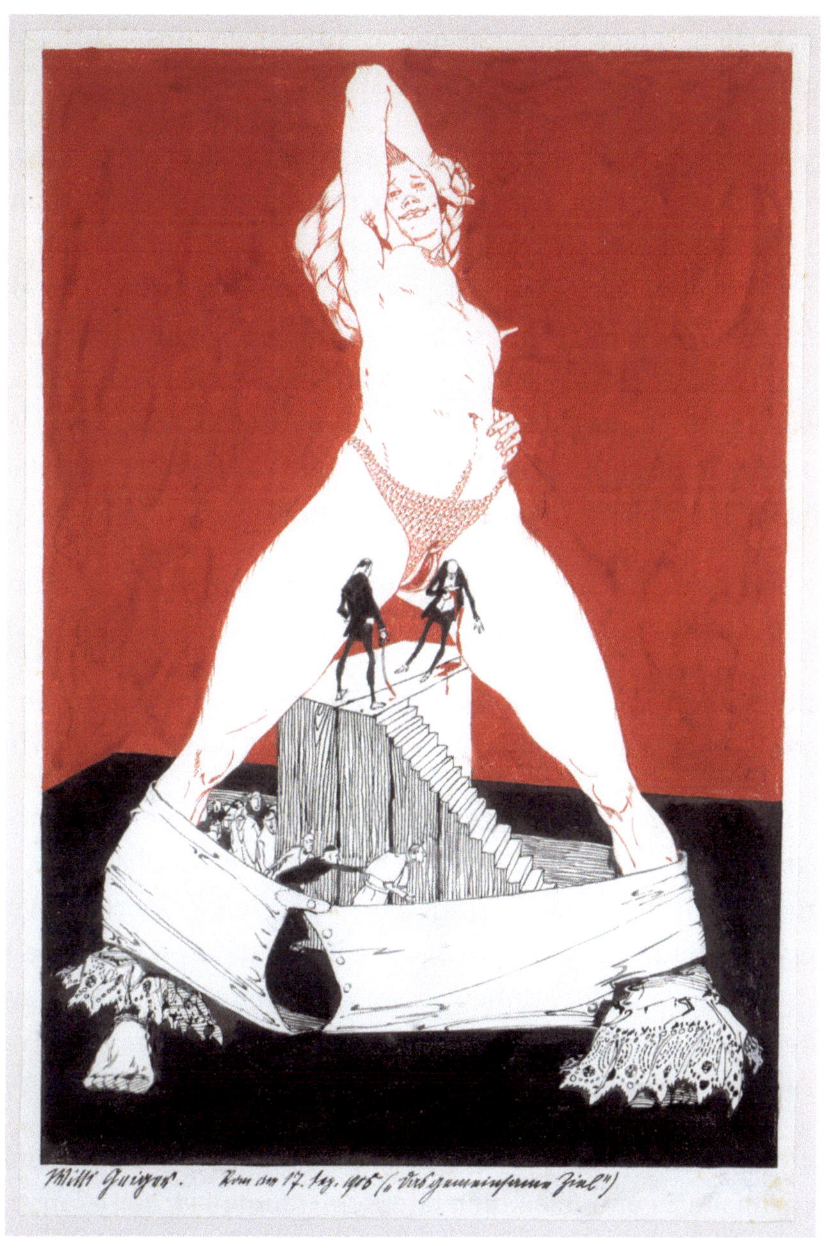

Willi Geiger, „Das gemeinsame Ziel", Tuschzeichnung 1905

psychoanalytischen Ideen die Sexual-Kontroversen des 19. Jahrhunderts gegenstandslos gemacht« (Gay 1986, S. 183).

Die *Drei Abhandlungen* eröffneten umfassende Einblicke in die Schicksale libidinöser Triebe und stellten ein wesentliches Gegenstück zum Traumbuch dar. Die erste Abhandlung stellte eine mannigfaltige Sammlung erotischer Veranlagungen und Neigungen zur Schau: Hermaphroditismus, Homosexualität, Päderastie, Sodomie, Fetischismus, Exhibitionismus, Sadismus, Masochismus, Koprophilie und Nekrophilie. All diese Perversionen haben »ein Stück seelischer Arbeit geleistet, dem man trotz seines greulichen Erfolgs den Wert einer Idealisierung des Triebs nicht absprechen kann. Die Allgewalt der Liebe zeigt sich vielleicht nirgends stärker als in diesen ihren Verirrungen« (Freud 1905, S. 61).

Mit Gewissheit gehörten Willi Geiger und Michel Fingesten zu den frühesten Lesern der Schriften Freuds!

Freuds Untersuchungen erlaubten ihm, fruchtbare Spekulationen über die unbewussten Grundlagen von Kunst, Literatur, Politik und Religion anzustellen.

Seine »Traumdeutung« erschien gerade rechtzeitig zu einer Zeit, in der Vieles darauf wartete aus einem Dämmerschlaf ans gesellschaftliche Tageslicht gehoben zu werden. Und ähneln nicht viele der Werke, gleich ob von Malern, Literaten oder Komponisten, Träumen, die auf ihre tieferen Wünsche hin erst zu entziffern sind? Bislang ins Unbewusste verdrängte Wünsche gewinnen an Energie, steigen auf und werden – durch die Mechanismen der Traumarbeit, durch Verzerrung, Verdichtung und Verschiebung – zur Darstellbarkeit gebracht.

»Traumdeutung« wäre dann der Weg der Rückübersetzung der Traumarbeit, um die latenten Inhalte zu enthüllen; den latenten Trauminhalt zu rekonstruieren.

Freud erklärt die produktiven Einfälle mit dem Auftauchen unbewusster Gedanken. Damit wird das Vorrecht der bewussten Tätigkeit infrage gestellt. Das

Unbewusste wird von einer dauernden Denkbewegung durchflutet. Die Künstler hatten die Fähigkeit, selbst im Wachen das helle Bewusstsein soweit abzuschirmen, dass sie in die Dämmerung des Unbewussten sehen können.

Der kreative Fond der Moderne kam dem mit der Forderung nach möglichst großer Offenheit der Sinnesorgane nach allen Seiten und dem ständigen Oszillieren und Fluktuieren zwischen Impulsen heterogenster Art entgegen. Ein dem Träumen verwandter Zustand wird proklamiert.

**Kunst als Schattenspiel des Bewussteins**

Die Künstler machen ihr Unbewusstes vernehmlich, indem sie die rationale Verstandestätigkeit unterbrechen. Derart ist Kunst gerade nicht Beleg des Bewusstseins, sondern dessen Schattenspiel. Und ist es nicht gerade die Sexualität, die beim Prozess der Bewusstwerdung unterschlagen bleibt?

Erotische Kunst als Schattenspiel des Bewusstseins bringt das bislang Uneingestandene zum Vorschein.

Stets bleibt der Traum ein Versuch der Konfliktbewältigung durch Kompromiss. Latente Traumgedanken werden durch die »Traumarbeit«, quasi einer Übersetzungsarbeit, dem Träumenden verhüllt. Damit wird der Traum der Zensur entzogen und »annehmbar«. Es ist das Kräfteverhältnis zwischen der Stärke der Abwehr und der Stärke des latenten Traumelementes, das darüber entscheidet, wie eng oder wie entfernt der manifeste und der latente Traum miteinander verknüpft sind, d.h., eine wie starke Tarnung durch die Traumarbeit dem latenten Trauminhalt aufgezwungen wird. Der Traum wird zum Kompromiss, der die verdrängten, Befriedigung suchenden Strebungen ebenso zufrieden stellt wie die Zensur. Wären diese Strebungen nicht verhüllt, würden sie für das Bewusstsein inakzeptabel sein.

Diese Traumentstellung ist das, was uns den Traum fremdartig und unverständlich erscheinen lässt.

Es gibt Träume wie auch Werke, die man als »Angstträume« bezeichnen kann. Von ihnen lässt sich sagen, dass sie ein Versagen der Abwehroperationen des Ichs anzeigen: Elementen des latenten Trauminhaltes ist es gelungen, trotz des Widerstandes der Ich-Abwehr den Zugang zum Bewusstsein zu erzwingen, d.h. zum manifesten Trauminhalt. Sie stellen sich in einer allzu erkennbaren Form dar, als dass das Ich es zulassen kann. Die Folge ist, dass das Ich mit Angst reagiert.

Vielleicht lässt sich daraus schließen, dass diejenigen künstlerischen Fantasien, wie z.B. die von Willi Geiger, die »ungemildert« in unser Bewusstsein treten, mehr an Wahrhaftigkeit über die Erotik beinhalten als jedes »geschönte« und dadurch annehmbar gewordene Werk.

Verstärkt wurde diese Tendenz durch die Bejahung des »instinktiven Gefühlslebens« als wohl bedeutendstem Einflussfaktor für die Kultur der *Fin de siècle*-Generation: Triebe und Gefühle waren ihr die Garanten einer, wie man sie nannte, »dionysischen Kultur«. Hofmannsthal brachte diese Abkehr im künstlerischen Leben deutlich mit dem Zusammenbruch der »alten Welt« in Verbindung: »[...] das Wesen unserer Epoche ist Vieldeutigkeit und Unbestimmtheit. Sie kann nur auf Gleitendem ausruhen und ist sich bewußt, dass es Gleitendes ist, wo andere Generationen an das Feste glaubten« (Hofmannsthal 1979, S. 60). Kulturelle Traumzeit: denn das Gleitende und Unbestimmte ist kennzeichnend für die Träume.

## Ästhetisierung

Eine Kunst auf der Basis der Sinne entstand. Die Kunst flieht buchstäblich ins Freie. Doch sucht sie nicht die Natur selbst, sondern eine durch Stilisierung vergeistigte. So auch im Jugendstil, dessen thematische Zentren das Weib, das Leben und die Natur sind.

Aber steht die bildnerische Technik der Ornamentalisierung, die zum einem das Sujet verrätseln und sublim erotisieren soll, zugleich auch »im Dienste der Abwehr« des Erotischen?

Dem grafischen Grundschema von Welle und Tanz wohnt die Tendenz inne, die individuelle Erscheinung durch eine vegetabile Ornamentik in den lebendigen Rhythmus eines größeren Ganzen einzufügen. Der Linienduktus entsprach den fließenden Formen des Lebens, der Haare, des Wassers – Zeichen des Unbewussten und des Triebhaften. Nichts wird so fetischisiert wie das lange Frauenhaar. Als Ausdruck provokativen Überflusses stand das Ornament für eine Welt, die nicht von bürgerlicher Funktionalität und rationaler Kälte bestimmt war.

Doch wird die Körpersubstanz hier entmaterialisiert und löst sich in ein dekoratives Bewegungsspiel auf. Abstraktionsprozesse, durch die die Frau zum Objekt der fließenden Linien und damit entsinnlicht wird.

Hinter diesen Stilisierungsprozessen verbarg sich ein übersteigerter Ästhetisierungsdrang; das harmonische Dekor soll, gegen die Hässlichkeit der Realität, den Anspruch auf ein »schönes Leben« durchsetzen. Doch war der Preis, dass die Dimension des Lebens (und das ist auch: der Erotik) entwich. Geist versus Sinnlichkeit: auch hier. Im Ornament erstarrte das Leben zur reinen Schmuckwelt, zum künstlichen Paradies. Letztendlich wurde es – durch kulturindustrielle Massenproduktion – zur spießigen Verzierung trivialisiert.

Auch die Frauengestalten von Bayros erliegen diesem Ästhetisierungsdrang. In künstlich erstarrter Pracht sind sie Gefangene des erotischen Dekors. Narzisstische Kind-Frauen, Nymphengestalten, die in ihrer scheinbaren Unschuld sexuell wenig bedrohlich wirken. Umso verworfener aber sind die Spiele und Fantasien dieser ätherischen, langhaarigen Wesen: diese Kindheit ist seit Freud nicht mehr mit Unschuld zu assoziieren. Es sind polymorph-perverse Spiele, ja, wie in den »Bildern aus dem Boudoir der Madame C.C.« oder gar in den »Töchtern des Scharfrichters«, ausgesprochen sadistische Spiele, die sie ästhetisch inszenieren.

Bayros' Gestalten irritieren: Die Erotik dieser keuschen Ephebengestalten macht sich weniger an deren körperlicher Reife, als gerade an ihrer Unreife fest. Ihre Versetzung in künstliche, pan-sexualisierte Paradiese trennt sie von dieser unserer Welt. Noch die sadistischste, die laszivste Szene bleibt – Design und Illusion. Freud spricht von Intellektualisierung als einem pubertären Mechanismus der Triebabwehr. Der Ästhetisierung kommt die gleiche Funktion zu, mit der Folge, dass alles dargestellt werden kann, ohne dass es uns anrührt.

Diese dekadente Illusion, die sich schützend vor den Einbruch der Realität stellt, will die Erotik erhalten – um den Preis der Austreibung des lebendigen Eros.

Die Wirklichkeitsferne, in der die vermeintliche Erfüllung des Eros sich vollzieht, gründet in der Tatsache, dass in der konkreten gesellschaftlichen Realität eine harmonische Identität von Ich und Welt sich kaum herstellen lässt. Erotik wird verlegt in einen fiktiven Bereich, der Versöhnung nur noch als Schein zulässt. In den realitätsfernen künstlichen Paradiesen von Bayros lässt sich lediglich noch der Anspruch auf Harmonie und Glück bewahren.

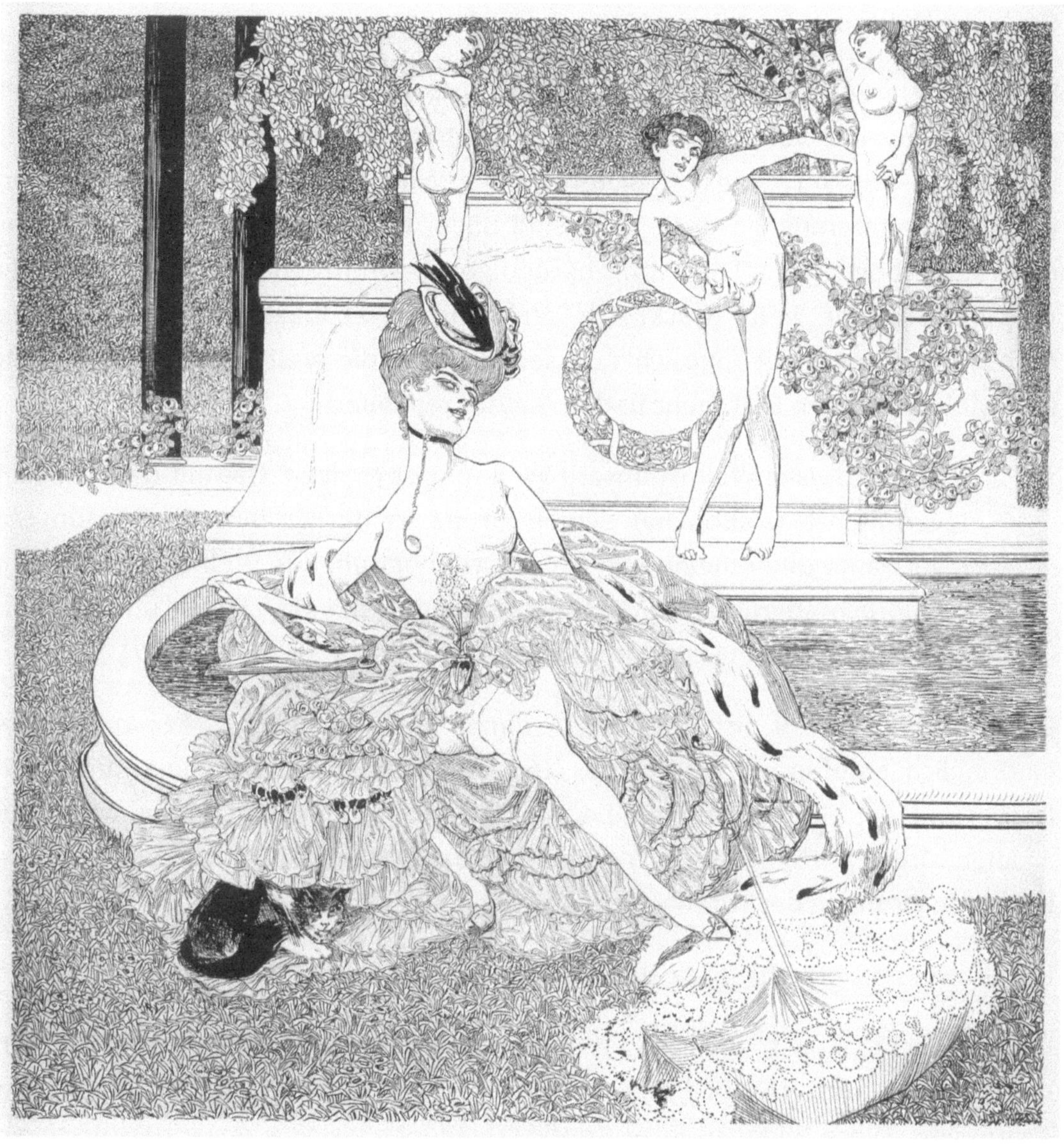

Franz von Bayros, „Der Bote", aus der Mappe „Erzählungen am Toilettentisch", Heliogravure, 1908

**Groteske Welten**

Bilder des Unter- und Abgründigen, in dem sich der dunkle Untergrund der Welt zeigt; Bilder, die vor dem Grauen ins Ästhetische ausweichen: In welcher Beziehung stehen diese Bilder zur Welt des sich entfaltenden Industriekapitalismus dieser Zeit? Es sind Bilder einer Dämonie, wie wir ihr nur im Traume begegnen. Diese von abgründigen Kräften beherrschte Welt ist die Welt der Groteske. In ihr drückt sich, Wolfgang Kayser folgend, ein Grauen, eine ratlose Beklommenheit angesichts dessen aus, dass die Welt aus den Fugen gerät und wir in ihr keinen Halt mehr finden. Kayser resümiert:

> »Die groteske Welt ist unsere Welt und ist es nicht. Das mit dem Lächeln vermischte Grauen hat seinen Grund in der Erfahrung, dass unsere vertraute und scheinbar in fester Ordnung ruhende Welt sich unter dem Einbruch abgründiger Mächte verfremdet, aus den Fugen und Formen gerät und sich in ihren Ordnungen auflöst« (Kayser 1960, S. 27).

Drei Epochen heben sich heraus, in denen die Macht des »Es« besonders eindringlich empfunden wurde: das 16. Jahrhundert; die Zeit des Sturm und Drang und der Romantik; und die Moderne, deren Beginn Kayser mit 1880 ansetzt. Drei Epochen, die nicht mehr an das geschlossene Weltbild und die bergende Ordnung der vorangehenden Zeiten glauben können.

Uns interessiert hier die letzte der drei genannten Epochen.

Die erotische Kunst um die Wende zum 20. Jahrhundert entwirft ein unfriedliches, düsteres Bild der Sexualität. Lust geht einher mit Angst und Aggression. Diese Bilder in ihrer Konfliktgeladenheit sind eher anti-erotisch als Ausdruck sinnlicher Freude. Sie sind Ausdruck einer Angst-Erotik; nicht Eros, sondern sein Gegenspieler Anteros scheint in ihnen am Werke zu sein. Doch wie sind sie in Beziehung zu setzen zu den gesellschaftlichen Veränderungen im 19. Jahrhundert, die zum Teil schon angedeutet wurden?

Und – schwieriger noch zu beantworten – wie transformierte sich die konflikthafte soziale Außenwelt ins Psychisch-Innere der Individuen? Dass die sozialen und politisch liberalen Tendenzen im 19. Jahrhundert von vielen Bürgern zugleich als Bedrohung empfunden wurden, ist verständlich. Doch diese Künstler waren eher anti-bürgerlich; gleichwohl wuchs in ihnen ein Gefühl der Bedrohung heran. Dass die Konflikte und Ambivalenzen der bürgerlichen Welt auch eine »Bedrohung von innen«, quasi einen Aufstand der Unterwelt evozierten, lässt sich nicht einfach als Reflex gesellschaftlicher Vorgänge abtun.

Diese kurzschließende Widerspiegelungstheorie missachtet die Eigenart und Eigenständigkeit psychischer Mechanismen. Wenn Freud auch die Hemmungen, mit der seine durch Prüderie gekennzeichnete Kultur das sexuelle Thema umgab, für mehr als irrational hielt, so bleibt doch zu konstatieren, dass die Auflockerung eben dieser Hemmungen neue Irrationalitäten hervorbrachte, die zuallererst im vorsprachlichen Medium der Kunst ihren Ausdruck fanden.

## Außenwelt und Innenwelt

Hypothetisch wollen wir hier drei ineinander verschränkte Entwicklungslinien skizzieren, die uns vielleicht einen Vermittlungszusammenhang erklären können:

1. die krisenhafte Entwicklung der bürgerlichen Individualität infolge der Dynamisierung des Lebensgefühls;

2. insbesondere die Verschiebungen innerhalb der psychischen Struktur dieser Individuen, infolge deren

3. sich auch tendenziell die Inhalte des Unbewussten veränderten.

Ich bin mir dabei bewusst, dass die Übertragung individualpsychologischer Kategorien und Mechanismen auf historische Epochen sehr spekulativ ist. Doch entbehren sie in unserem Erklärungszusammenhang nicht einer gewissen Plausibilität.

Zu 1: Im Verlaufe des 19. Jahrhunderts erlangte die allen Konventionen feindlich gesonnene Liebesauffassung der Romantik allgemeine Verbindlichkeit. Höhere Individualität und Gefühlsbetontheit werden durch das Zurücktreten gesellschaftlicher und moralischer Konventionen ermöglich. »Liebe« emanzipiert sich von traditionellen und institutionellen Ordnungen. Sie findet ihr Fundament in subjektiven Befindlichkeiten: die freigesetzten Affekte und Bedürfnisse werden zum Gegenstand der Selbstreflexion. Identität ist nicht mehr etwas, was man »übernimmt«. Arnold Gehlen (1957) gibt als Merkmale des modernen Menschen u.a. die hohe Bewusstheit, die Dauerreflektiertheit und Selbstbeobachtung des Innenlebens an und zeigt, wie infolge einer geschärften Sensibilität »dem Verfall festgefügter sozialer Ordnung die Entwicklung nicht bloß der Psychologie, sondern des Seelischen selbst parallel geht« (Gehlen 1957, S. 58), ein Prozess, der ebenso zur Entwicklung der Psychoanalyse führte.

Diese warf ein Licht in das Dunkel der Seele – und entdeckte Abgründe; Abgründe, die sich zeitgleich auch in anderen kulturellen Manifestationen zeigten. Darum sind diese Werke nicht nur individualpsychologisch, sondern ebenso aus der krisenhaften kulturellen Atmosphäre der Zeit heraus zu deuten. Am Beginn des neuen Jahrhunderts, das voller Optimismus offiziell von technischem Fortschritt und der Machbarkeit der Welt träumte, zeigte die erotische Kunst ein unterirdisches Beben an, das von Machtstreben, Angst und Zerstörung kündet.

Zu 2: Dass die Triebfantasien gegen Ende des Jahrhunderts in allen kulturellen Bereichen verstärkt Ausdruck erlangten, hat nun mit intrapsychischen

Strukturverschiebungen dieser Individuen zu tun. Mit dem rapiden Tempo gesellschaftlicher Veränderungen und der sie begleitenden Auflösung alter Sozialverwurzelungen lösten sich ebenso tradierte Wertsysteme auf. Die Identifikation des Über-Ichs mit diesen Normen hatte zweifellos auch eine Stärkung des Ichs in der Auseinandersetzung mit dem Triebhaften bedeutet: Die individuellen Abwehrstrategien fanden in der institutionalisierten Moral gleichsam einen gesellschaftlich-moralischen Bündnispartner. Das Ich erwies sich im Kampfe mit den Trieben als relativ unangreifbar. Die voranschreitende Liberalisierung und mit ihr die Pluralisierung der Interessen führten zu einer Zersetzung gesellschaftlicher Interpretationsmuster und schwächten auch den »inneren Zensor«: mit der Folge, dass das Ich den Trieben gegenüber zunehmend in Bedrängnis geriet. Durch die Erhöhung der inneren Widersprüche wird die Situation der Seele prekär. Ein Über-Ich, das sich nicht mehr durch tradierte Normen legitimieren kann, taugt nicht länger als Verdrängungs-Instanz. Diese Prozesse führten zu Verunsicherungen, ermöglichten für die Subjekte aber auch zugleich neue Erfahrungen. Der Einzelne muss durch Arbeit an seiner Identität in sich ein neues Gleichgewicht herzustellen versuchen; eine Arbeit an der Kultivierung der Affekte, die das bürgerliche Individuum leicht überfordern und, wenn sie missglückt, in die Sackgassen der Neurose und der Hysterie führen kann. Der »Untergrund« geriet in Bewegung; Sexualität, im Bürgertum der christlichen Tradition folgend bislang weitgehend domestiziert, wird nun als eine bedrohliche Macht erfahren. Da insbesondere die Künstler über einen besonderen Zugang zum Unbewussten verfügen, wurde Sexualität in der Kunst und der Literatur zu einem beherrschenden Thema. Im politischen Kampf gegen diese Kunst per Zensurgesetze zeigte sich nur das Schwinden der alten legitimatorischen Kräfte: die Gesellschaft agierte selbst in neurotischer Weise auf »unerlaubte« Wunschregungen.

Zu 3: Wieso aber wird diese Bedrohlichkeit auf »das Weib« projiziert? Hier ist ein individualpsychologischer Blick auf das Künstlertum jener Zeit hilfreich, da er eine besondere Weise der Realitätserfahrung aufzeigt. Die soeben skizzierte Tendenz verschärfte sich bei jenen Künstlern, die sich nach ihrem Selbstverständnis von der bürgerlichen Gesellschaft lossagten und anders leben wollten als ihre bürgerlichen Väter. Arnold Hauser schreibt über die Boheme zur Zeit des Impressionismus:

> »Sie zerstörten in sich alles, was der Gesellschaft nützlich sein könnte, sie wüten gegen alles, was dem Leben Bestand und Dauer verleiht, und sie wüten gegen sich selbst, als ob sie in ihrem eigenen Wesen alles vertilgen wollten, was sie mit anderen gemein haben« (Hauser 1958, S. 443).

Ist es nicht eine anti-ödipale Position, die Hauser hier beschreibt?

Der Angelpunkt unserer folgenden hypothetischen Überlegungen stellt nun die ödipale Identifizierung dar. Das »väterliche Verbot« (Mendel 1972, S 44), wie auch das gesellschaftliche, hat nach Gérard Mendel die Funktion, den Konflikt des mit seinen mütterlichen Imagines ringenden Subjekts aufzulösen und damit die regressive Bewegung zu den ersten Stadien der Beziehung zur Mutter zu blockieren. Diese Blockierung, die den Weg zurück zum narzisstischen Ideal versperrt, ist durch die Verweigerung einer väterlichen Identifizierung nicht mehr voll gesichert. Die Sehnsucht nach der archaischen Mutter weckt aber zugleich auch unvermeidbar den Abscheu und die Angst vor der Imago der archaischen bösen Mutter. Fusionslust und Angst gehören zusammen. Im normalen Verlauf wird diese bedrohliche, mit Todesängsten verbundene Regression auf die Stufe der Primärbeziehung durch die Identifikation mit dem Vater abgewehrt. »Wenn kein verbietendes Vaterbild eingreift«, so Mendel, »bleibt der Konflikt zwischen Wunsch und Abscheu unlösbar« (ebd., S. 49). Die entstehende Angst wird nun auf das »Bild der Frau« projiziert.

Das bedrohliche Bild der Frau ist also keineswegs hinreichend durch die soziale Emanzipation der Frau im 19. Jahrhundert zu erklären; es ist ebenso das Resultat einer nicht erfolgten ödipalen Triangulierung. Das negative Frauenbild ist zu verstehen als Projektion des Verdrängten, das die feindselige Mutterimago umfasst, in die Außenwelt, die wiederum diesem inneren Bild Recht zu geben scheint. Derart bilden sich verändernde Außenwelt und subjektive Erfahrung bzw. Verarbeitung dieser Außenwelt einen fatalen Zirkel. Das Medusenhaupt, dem wir in der grotesken Welt so oft begegnen, mag aus solchen archaischen prä-ödipalen Abgründen emporsteigen; aus den Fugen geraten ist nicht nur die Ordnung der äußeren Welt, sondern, auf komplexeste Weise mit dieser vermittelt, auch die innere.

Inzwischen hat man in der öffentlichen Ideologie der Sexualität den Stachel des Bedrohlichen gezogen: Sie wurde in gesellschaftlich aufbauenden Formen integriert und »pazifiziert«. Das Unfriedliche aber, das ihr ehemals anhing, kommt in abgespaltenen Themen wie Kindesmissbrauch und Vergewaltigung zur Sprache; das Tödliche – in den Diskussionen um AIDS. In den Bildern von Greiner, Geiger, Fingesten u.a. mag eine Wahrheit aufbewahrt sein, die heute selbst zum Unbewussten des Sexuellen gehört.


**Literatur:**

Birlinger, J.R. (1933): Die Herrin des Mannes. Leipzig, Wien. Bloch, I. (1907): Das Sexualleben unserer Zeit. Berlin.
Bölsche, W. (1903–1906): Das Liebesleben in der Natur. Leipzig.
Dilthey, W. (1923): Briefwechsel zwischen W.D. und Graf Paul York von Wartenburg 1877–1897. Hildesheim, New York 1974.
Ellis, H. (1890): The New Spirit. New York.
Ellis, H. (1903): Studies in the Psychologie of Sex. Philadelphia. Forel, A. (1905): Die sexuelle Frage. München.
Freud, S. (1894): Neurasthenie und Angstneurose. In: GW I.

Freud, S. (1898): Die Sexualität in der Ätiologie der Neurosen. In: GW I. Freud, S. (1900): Die Traumdeutung (1900). In: GW I/II.

Freud, S. (1905): Drei Abhandlungen zur Sexualtheorie. In: GW V.

Freud, S. (1908): Die kulturelle Sexualmoral und die moderne Nervosität. In: GW VII.

Gay, P. (1986): Erziehung der Sinne. Sexualität im bürgerlichen Zeitalter. München.

Gay, P. (1987): Die zarte Leidenschaft. Liebe im bürgerlichen Zeitalter. München.

Gay, P. (1999): Bürger und Boheme. Kunstkriege des 19. Jahrhunderts. München.

Gehlen, A. (1957): Die Seele im technischen Zeitalter. Sozialpsychologische Probleme in der industriellen Gesellschaft. Hamburg.

Hauser, A. (1958): Sozialgeschichte der Kunst und Literatur. Bd. II. München. Hirschfeld, M. (Hg.) (1912): Zeitschrift für Sexualwissenschaft. Leipzig 1908. Hirschfeld, M. (1912): Naturgesetze der Liebe. Berlin.

von Hofmannsthal, H. (1906): Der Dichter und diese Zeit. In: Gesammelte Werke in 10 Bd., Reden und Aufsätze I. Frankfurt/M. 1979.

Kayser, W. (1960): Das Groteske in der Malerei und Dichtung. Reinbek.

Kohn, H. (1962): Karl Kraus – Arthur Schnitzler – Otto Weininger. Aus dem jüdischen Wien der Jahrhundertwende. Tübingen.

von Krafft-Ebing, R. (1886): Psychopathia Sexualis. Stuttgart.

von Krafft-Ebing, R. (1895): Nervosität und neurasthenische Zustände. Wien.

Kraus, K. (1900): Die Fackel Nr. 59. Wien.

Mann, T. (1901): Buddenbrooks. Frankfurt/M. 1974.

Mendel, G. (1972): Generationskrise. Frankfurt/M..

Moll, A. (1897): Untersuchungen über die Libido sexualis. Berlin.

Moreck, E. (1928): Kultur- und Sittengeschichte der Neuesten Zeit. Geschlechtsleben und Erotik in der Gesellschaft der Gegenwart. Dresden.

Müller, F.C. (Hg.) (1893): Handbuch der Neurasthenie. Leipzig.

Musil, R. (1931): Der Mann ohne Eigenschaften. Hamburg 1970.

Nietzsche, F. (1888): Ecce Homo. In: F. Nietzsche, Werke in drei Bänden, Bd. II. München 1960.

Plessner, H. (1935): Die verspätete Nation. Über die politische Verführbarkeit bürgerlichen Geistes. Stuttgart 1959.

Salten, F. (1906): Josefine Mutzenbacher. München 1990.

Schopenhauer, A. (1819): Die Welt als Wille und Vorstellung. In: A. Schopenhauer und Sämtl. Werke in 5 Bänden. Stuttgart, Frankfurt/M. 1960ff..

Schopenhauer, A. (1851): Parerga und Paralipomena. In: A. Schopenhauer. Sämtl. Werke, Bd. V, Stuttgart, Frankfurt/M. 1965.

Strindberg, A. (1903): Idolatrie, Gynolatrie. Ein Nachruf. Die Fackel Nr. 144. Wien.

Tönnies, F. (1897): Der Nietzsche-Kultus. Eine Kritik. Berlin 1990.
Wagner, N. (1982): Geist und Geschlecht. Karl Kraus und die Erotik der Wiener Moderne.
Frankfurt/M.. Wedekind, F. (1904): Die Büchse der Pandora. Berlin.
Weininger, O.(1903), Geschlecht und Charakter, München 1980
Zweig S. (1944): Die Welt von Gestern. Erinnerungen eines Europäers. Frankfurt/M.
1999

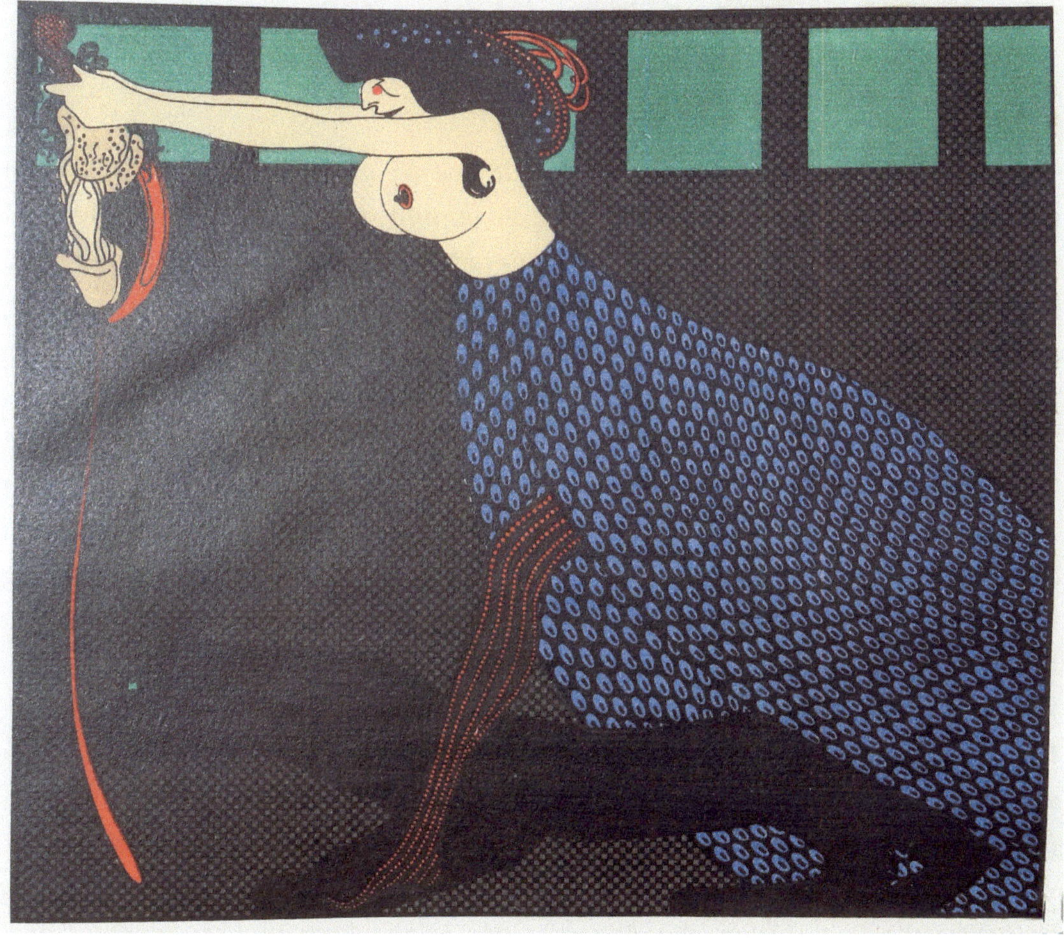

Julius Klinger, Sodom, Heliogravure 1909

Isabelle Azoulay

# Deutsche erotische Graphik 1900- 1920

Es gibt keinen Menschen,
der in der Erregung nicht ein Despot sein möchte.
Sade

**D**er Sammler Hans-Jürgen Döpp lädt uns ein zu einem Spaziergang durch die erotische Kunst von 1900 bis 1920. Er vergißt, uns zu warnen: "Zieht euch warm an!". Denn es erwartet uns nicht gerade eine unterhaltsame Promenade. Wir sind zwar angeregt, aber bald spüren wir, daß uns dabei nicht gerade wohl ist. Endgültig der lieblichen, samtseidigen Gefälligkeit des Biedermeiers entkommen, ist es vorbei mit den glatten Lithographien, Schluß mit den lauen Spielereien im Boudoir, an denen weder Anrüchiges noch Entrüstendes zu finden war. Zarte Lächeln, seichte Mimiken, weiche Gesten. So harmlos, daß wir erst im zweiten Blick das pornographische Eigentliche wahrnehmen konnten. Aufwendige Kleider, üppiges Dekor lenkten uns ab. Keine Schamverletzung, kaum Scham überhaupt, die naive Hand streichelte den aufrechten Penis und kaum einer bemerkte es. Nun ist die Schonzeit verstrichen und mit Genugtuung können wir vernehmen, daß sich *die Unterwelt bewegt*. Endlich verlassen wir die flachen Erwartungen der Bourgeoisie und es beginnen Risse ihren Anstand zu strapazieren. Mit der zittrigen Umklammerung der Lust erscheinen nun auch ihre düsteren und oftmals bedrohlichen Schatten. Bislang hatte man flüchtig mal hier mal da das Sexuelle als Unbehagen begriffen... nun muß man sich ihrer per-se Unintegrierbarkeit stellen; die Anarchie der Triebe legt ihr brennendes Gesäß nieder. Guten Morgen!

Wie ein scharfer Diamant spiegeln die erotischen Motive die Brüche und Niederlagen des Barmherzigkeitsgesäusels des vergangenen bigotten Zeitalters. In der Darstellung von Entfesselung und den damit einhergehenden Zweifeln oder bei einigen gar die schiere Verzweiflung, gewinnt das Metaphysische wieder an Raum. Das Inbild des Lebens wird wichtiger als sein Abbild. Nicht die Welt gilt als das Primäre, sondern die Seele. Nicht die Welt spiegelt sich im Ich, sondern das Ich zeigt sich verloren. Die Sprache des Expressionismus ist konvulsivisch, Laune und Leidenschaft rücken in die Mitte. In Literatur und bildender Kunst spielt Schönheit keine Rolle mehr. Im Gegenteil, Schönheit beginnt als Maske verstanden zu werden, hinter der die wirklichen Interessen brodeln und diese sind paradox, unsittlich, dramatisch oder traurig. Wie ein reinigendes Gewitter bricht ein ungeduldig grelles Licht ein, eine wohltuende Entzauberung. In der erotischen Kunst steigt eine *das Spiel ist aus* - Stimmung auf. Es wird nicht retuschiert, wenig koloriert, Unmittelbarkeit wird gesucht. Die breiten Straßen der Tugendhaftigkeit leeren sich und man drängelt sich nun in die dornigen Pfade ihrer Kehrseiten. Sowohl in der Literatur als auch in Bildern wird auf Kausalität und Logik verzichtet. Die romantischen Träume verrecken jämmerlich am Straßenrand während Dix'sche Huren auf dem Trottoir der Phantasie frech lästern und handeln. Das Selbstgespräch der Seele martert unser Gewissen und verführt unseren Anstand. Die Entdeckung der Großstadt zerrt die Akzeptanz für das Chaos in die Mitte des Herzens. Dieses Chaos wiederspiegelt unsere intimsten Widersprüche. In der Unüberschaubarkeit der Großstadt findet die fragile Seele, die sich sonst zwischen Willkür und unerfüllbaren Erwartungen gequetscht fühlte, ein warmes Refugium. Im Gewühl wird Schutz gesucht und gleichzeitig ist die permanente Anstrengung der Seele nicht unterzugehen sozusagen evident. Vibrierende und schillernde Stimmen verleihen der neuen Ästhetik eine wahnhafte Stimmung.

Wir fangen an zu verstehen, vieles ist lebbar, alles ist träumbar. Die erotische Kunst kracht aus dem Korsett des neunzehnten Jahrhunderts und es bricht ihre spannendste Ära an.

Krafft-Ebing und Kollegen entdecken und lehren seit 20 Jahren die polymorphen Facetten unserer Intensionen und Pulsionen.

In einer Nebenstube ertastet Freud den Nerv der Sache... Das ehrgeizige Über-Ich schwankt, geht in die Knie. Das Ich geht auf die Barrikaden. Schluß mit der Berechenbarkeit, die dem Begehren bislang unterstellt wurde. Es gibt ein Organ des Abgründigen: das Unbewußte. Finger weg, es gibt nichts zum anfassen, nichts zu sezieren und zu zerlegen. Das Organ ist nicht gegenständlich. Die Phantasie neckt uns abermals und überläßt uns den Tigern der Perversionen in der Arena unserer Ängste und Sehnsüchte.

Otto Weininger heult auf und probiert einen kläglichen Rückschlag. Sein mysoginer Haß spiegelt uns die Umtriebe zarter Männerphantasien, die sich nicht zu retten wissen. Aber das Chaos der Immoralität läßt sich definitiv nicht korrumpieren. Währenddessen sammelt und katalogisiert Magnus Hirschfeld rasante Merkwürdigkeiten. Mit der frischen Brise aufklärerischer Werte vertreiben Neugierde und Mut langsam die Dämonen religiöser Dogmen, die die Lebendigkeit des Körpers und die Phantasie in arg eng gesteckte Gelände von Normalität und Abnorm gepfercht hatten. Es ist nicht mehr die Stimme von Don Juan, die Gott mit seinem *no* die Stirn bietet. Es ist weitaus komplexer. Die frommen Hilfskonstrukte des neunzehnten Jahrhunderts haben schwache Füße; die Lügen der doppelbödigen Moral bergen die vom Ersticken bedrohten Wahrhaftigkeiten. Die Frau, die durch das neunzehnte Jahrhundert versittlicht und entsinnlicht wurde, aus dem Handlungsforum rausgehalten und zur guten Mutter geformt, geht auf dem Zahnfleisch. Die Unheimlichkeit der bürgerlichen Familie hat Sackgassen geschaffen, aus denen nur mühsam herauszufinden ist.

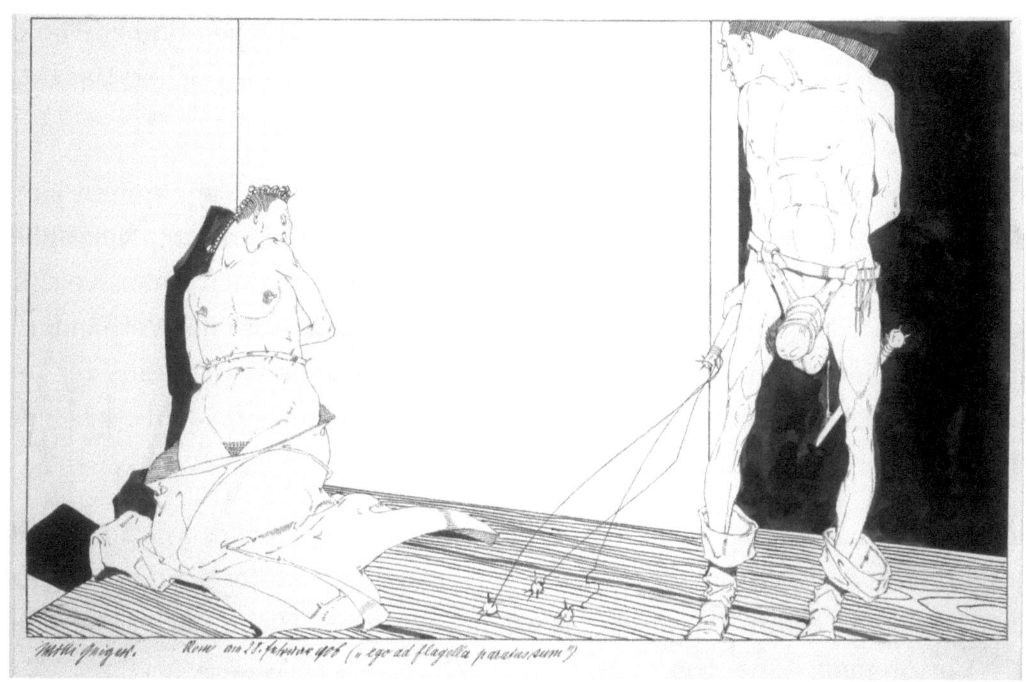

Willi Geiger, „ego ad flagella paratus sum", Tuschzeichnung 1905

Aber die Rache ist ein geduldiges Gericht. Mit der faszinierenden Erfindung von Hysterie schicken die Frauen einen unbestechlichen Vertreter vor: ihr Unbewußtes. Die wohl erzogene Frau zeigt sich laut und wild. Rien ne va plus.

Die fiebrigen Halluzinationen von Willi Geiger tyrannisieren unser Vorstellungsvermögen und gleichzeitig ahnen wir, daß Abwehr nur ein Aufschub ist oder mit Bataille gesprochen, wir spüren, das Ungeheuerliche steckt in uns selbst. Eine Graphik von Willi Geiger betrachtet man nicht, man stellt sich ihr. Etwas drückt uns an die Wand. Kaum besser spüren wir den Satz von Bataille bewahrheitet "der Mensch kann das, was ihn erschreckt, übersteigen, er kann ihm ins Gesicht sehen." Geht es um Lust? Der Schauder macht es uns fast vergessen. Erbarmen! Wir versinken mit all unseren Schwächen und krallen uns am vermeintlich süßen Geschmack der Begierde fest. Eins wird sicher: Das Laster macht mehr Menschen glücklich als die Tugend.

Unsere Krone purzelt davon, unser Mut schwindet, unsere Sicherheiten japsen nun. Vom Schwindel erregt sehen wir bei Geiger Mißbrauch, Nekrophilie, Größenwahn und entfesselte Misogynie - und sie erscheinen unausweichbar, logisch, tatsächlich erreichbar. Flach atmen ist angesagt. Aber das Verhängnis ist sehr ambivalent, denn durch diese vielen Abgründe verspüren wir eine Gewißheit: Die Essenz des destruktiven Moments besteht aus dem Absolutheitsanspruch positiv besetzten Strebens.

Die Sünde ist hartnäckig, *weil ich großartig bin und weil ich alles will*. So kommen wir ganz leise dem Wesen der Gewalt in der sexuellen Phantasie auf die Schliche. Die Gewalt will nichts zerstören, sie ist die intensive Suche nach Umarmung, nach Versöhnung, Ruhe, Tod.

Geigers Graphiken sind beängstigend durch ihre Gnadenlosigkeit. Er hat nichts zu verschenken. Vor der Auslöschung noch einmal zuschlagen. Es ist die Mahnung desjenigen den gleich die Drohung ins Nichts zu fallen, erreichen wird. Die Gewalt bei Geiger hat den schreienden Charakter desjenigen der wenigstens einmal Rache verspüren möchte. Launisch, grausam, einsam zeigt uns Willi Geiger - 1907! - die Fratze einer Sexualität, deren Tendenz zur Selbstdestruktion immanent, nahezu bedrängend ist. Dürre, hagere, knochige Körper werden von kaum vorstellbaren Affekten überschwemmt, wie der Donner schlägt die Überschreitung ins Geschehen ein. Wütende Ungeduld, verzerrte Gesichter, Häme, sogar fiese Gelächter glaubt man zu hören. Geiger wringt die Tränen des Eros aus einem naßgeheulten Leichentuch aus, fletscht mit den Zähnen und schaut uns nach, wie wir bis ans Ende der Welt rennen.

Nachdem man sich Geiger gestellt hat, ist man für die Demut, die Michel Fingesten in der Melancholie seiner Motive streut, nahezu dankbar.

Das mächtige, unerklimmbare Weib ist bei Fingesten mollig, sättigend und dennoch unberechenbar. Mit hängenden Schultern, stehen die Männer geduldig Schlange um zwischen ihren Beinen sich ihrem warmen Strahl auszuliefern. Der Mann ist hoffnungslos und der warme Regen wird nichts mehr aufhalten können: les jeux sont faits. Seine Satire vom gegnerischen Weib zeigt es nymphomanisch und sicher in seiner Unerreichbarkeit. So unsachlich, lasziv und rätselhaft verspielt, daß es auf jedenfall niemals die existentielle Angst erreichen kann, die Fingesten unaufhörlich in seinen phallischen Phantasien versucht in Schach zu halten. Fingestens Motive zeigen einen kapitulierenden Mann, die Schultern gebeugt hißt er die weiße Fahne vor dem Katapiller-Weib, dem er aus der Hand frißt. Ein Mann, der um mit seiner Seele Frieden zu finden von vornherein beschließt, dem Weib gegenüber sei die Schlacht verloren. Verschmuster als die Engel des Bösen schließt er die Augen und taucht ins weiche Fleisch und die Abgründe erscheinen wie unwirkliche Küsten auf denen müde Löwen in der tiefsten Einsamkeit schlummern.

Bei Fingesten gibt es keine knochigen Fieslinge, in den Rundungen der Körper spürt man den Verschleiß einst virulenter Ziele, die die Zeit in Demut und Melancholie gemünzt haben. Die Unzulänglichkeit sexueller Angelegenheiten äußert Fingesten in warmen, wenn auch vergeblichen Umarmungen. Er weiß um die Ausweglosigkeit von Kontinuität und Zweisamkeit. Er weiß auch um die Fata Morgana die wir als Leidenschaft verspüren. Der Stoff, aus dem sexuelle Verbindungen mit neckischem Zutun des Es gewebt ist, erweist sich als derart dehnbar, daß der Wille nach Verständnis und Deutung in die weichen Faser von Ratlosigkeit sickert. Die Benennung von Triebhaftigkeit bringt die Hilflosigkeit der neu entstehenden Zunft der Psychoanalytiker ins Spiel. Mutig avancieren die neuen Mediziner durch den betörenden Sirenengesang. Und 1915 amüsiert sich bereits Fingesten über ihre Ratlosigkeit in Anbetracht des dunklen Kontinents. Eine Ratte nähert sich dem weiblichen Geschlecht und im Hintergrund versinkt *Sigmund* im Bücherberg während unbeschwert eine nackte Frau ruht, vielleicht schläft sie. Er schickt die Analytiker mit Vergrößerungsgläsern hin, wissend, die Suche nach einem Reim ist vergeblich.

Der entzückende Sadismus aus den *Erotischen Grotesken*, einer Bilderfolge die zwar mit Pipifax signiert ist, aber Max Liebermann zugerechnet wird, trägt die Angst-Lust vor dem Weib schwanger. Er führt uns Männer vor, die eher als geneppte Professor Unrats erscheinen und deren Ausgeliefertsein etwas schicksalshaftes hat. Dem Weib gegenüber verhält sich Pipifax ähnlich wie Fingesten: Grundsätzlich haben es die Frauen bequem, während die Männer schweißgebadet immer nach einem Notausgang suchen. Aber auch hier, der Humor führt etwas generöses ein, das die Drohung schwächt und die Schlacht zwischen den Geschlechtern eher als ewiges Gezeter erscheinen läßt, das auch vergnügliche Enklaven kennt die wir hörig immer wieder aufsuchen.

Und nehmen wir dann erst das  Mappenwerk "Ekel" eines Laszlo Boris an, atmen wir auf und erinnern uns, daß es doch in sexuellen Angelegenheiten viel Komisches gibt und immerhin manchmal auch etwas zu lachen. Wir sind so erleichtert, daß überhaupt kein Ekel im Spiel ist. Im Gegenteil: Man ist gerührt über die in der Knappheit der Striche mit einer bübischen Verschmitzheit so witzig eingefangenen Alltagsmotive. Luis Bünuel zwinkert uns zu.

Diese wunderbaren Handschriften erotischer Motive steuern auf eine nie mehr zurückschraubbare Einsicht hin: Auf den vielen Schauplätzen des Begehrens erscheint der einst als Ziel geglaubte Akt, die Erfüllung von Lust durch die Penetration, die Befleckung, die Bemächtigung, als vollkommene Schimäre, eine vermeintliche Erlösung. Kurzatmiges Feuerlöschen. Die Fusion ist ein Traum. Der Traum ist aus. Der Betrug um das Glück ist überführt: Nun lüften sich unendlich

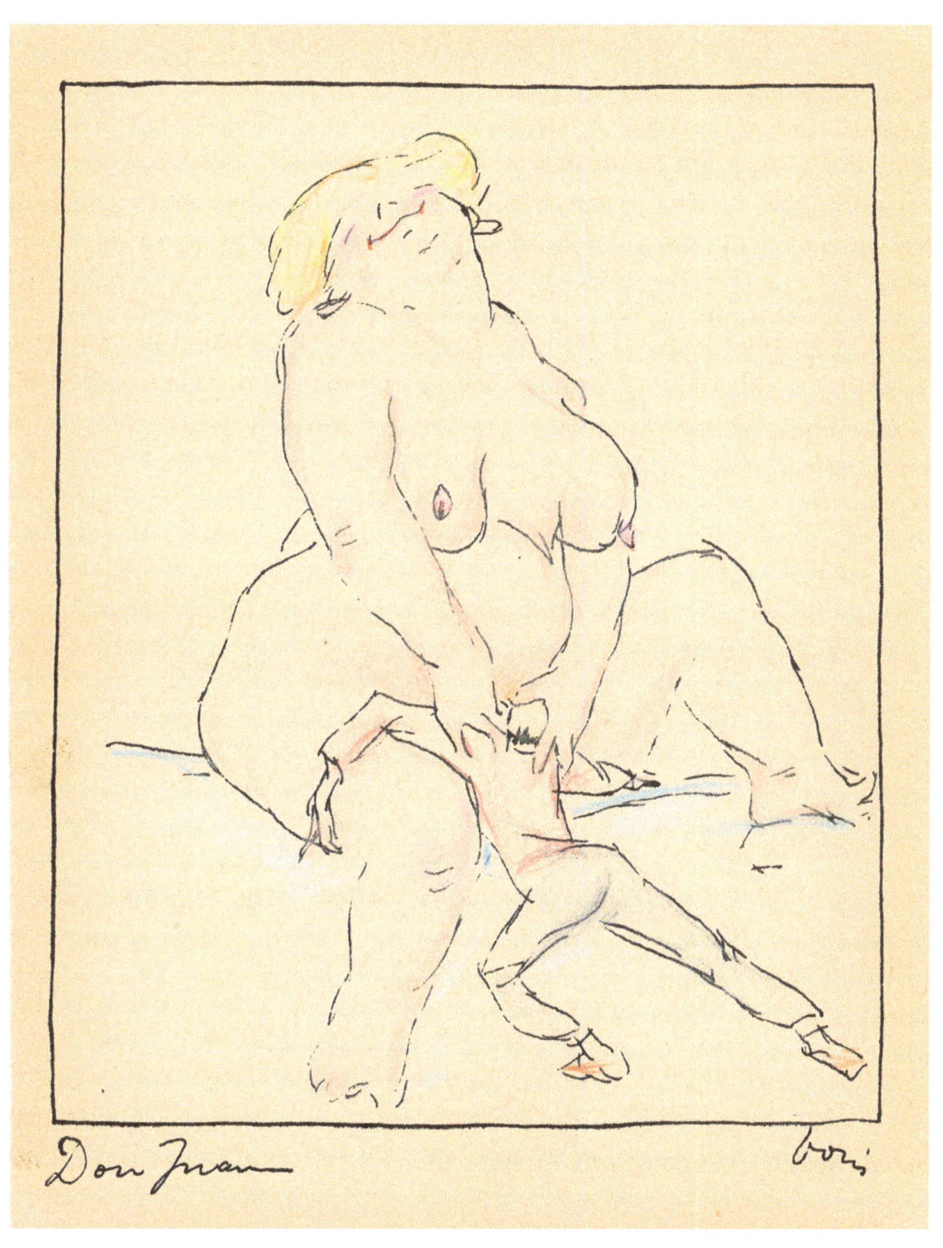

Laszlo Boris, Don Juan, aus der Mappe „Ekel", 1919

viele Nischen in denen wir zahlreiche Partialvergnügen erkennen können. Das Fest kann beginnen.

So sehr verschieden die Akteure der erotischen Kunst von 1900 bis 1920 sein mögen, jeder trägt Zeichen dafür, daß der Einzug des so banal wie unerträglichen Paradoxons des Sexuellen ins Bewußtsein eindringt. Das Glück ist vergeblich. Die morbiden, skurrilen, sarkastischen oder immens traurigen Motive tanzen Eros zum ersten Mal eindeutig auf der Nase herum. Und auch wenn der Taumel in der Thanatosspirale von bejahendem Willen geprägt ist, das bejahende Subjekt ist dort zum despotischen Kleinkind regrediert, herrschsüchtig und verletzlich zugleich. Wir bereuen nichts.

*******

**Hans-Jürgen Döpp** (geb. 1940), Studium der Pädagogik und der Soziologie. Sammelt seit Jahrzehnten auf dem Gebiete der Erotischen Kunst und publizierte eine Vielzahl von Büchern zu diesem Thema.


**Isabelle Azoulay** (geb. 1961) ist eine promovierte deutsch-französische Schriftstellerin, Philosophin und Soziologin. *Phantastische Abgründe. Die Gewalt in der sexuellen Phantasie von Frauen* - mit einem Vorwort von Volkmar Sigusch. Weiterhin zahlreiche Publikationen über erotische Kunst und Feminismus, Essays und Romane. Isabelle Azoulay lebt und arbeitet in Berlin. Neben ihrer akademischen Ausbildung und wissenschaftlichen Untersuchungen hat sie sich im Bereich der Psychotherapie weiter qualifiziert. Mit dem Schwerpunkt „Umgang mit Sucht" forscht, therapiert und unterrichtet sie heute.